보수의 종말

그녀를 위한, 그녀에 의한, 그의 정치
보수의 종말

신인규 지음 | 공희준 엮음

오늘의미래

여는 글: 무너진 보수를 다시 세우려면

현재의 보수는 망했다. 권력중독자와 선거중독자가 합작품으로 만들어낸 권력을 가지고 국가를 운영하는 데 완전히 실패했다. 민생파탄과 의료대란은 국정운영 실패의 결과물일 뿐 그 근본 원인은 검찰정치의 상징인 윤석열 대통령 자신이다. 권력중독자는 아무런 비전과 가치가 없이 단지 집권만을 위해 대장정에 나섰고 이제 그 밑바닥의 실력을 여과 없이 보여주고 있다. 선거중독자는 자신이 속한 당을 떠나 여전히 집권당에 대한 비판적 목소리만 내고 있을 뿐 평론가형 정치를 벗어나 진정한 의미에서의 새로운 정치의 모델을 전혀 보여주지 못하고 있다. 윤석열과 이준석이 합작하여 만든 윤석열 정부는 이렇게 밑바닥으로 추락하며 보수의 종말을 초래하고 있다. 세대포위론으로 일군 승리는 양두구육(羊頭狗肉)이라는 사자성어로 표현될 만큼 보수의 정치는 이미 철저하게 실패했다.

윤석열 대통령은 국가의 백년지대계는 말할 것도 없이 현재 대한민국이 직면한 어려운 대내외적 상황을 '공정'하고 '상식'적으로 관리할 능력과 의지를 상실했다. 스스로 국민 앞에 약속했던 공정과 상식을 짓밟아도 양심의 가책조차 느끼지 못하는 것처럼 행동하고 있다. 이제 윤석열의 공정과 상식은 심각하게 오염되었다. 집권 3년차에 들어선 현재 역대 대통령 지지율 중 기록적인 최저치를 보이는 이유도 공정과 상식을 외친 대통령이 가장 불공정하고 몰상식한 정치를 하고 있기 때문이다. 지금 윤 대통령의 관심사는 오로지 권력의 사유화를 통해 검찰정치를 공고히 다지고 자신의 배우자를 지키기 위한 '건희 수호' 정치일 뿐이다. 그 외의 다른 내용은 전혀 보이지 않는다. 국민을 배신한 보수정치를 국민이 용서하지 않을 분명하고도 명확한 이유다.

윤석열 대통령은 후보 시절 자기의 손바닥에 '王(왕)'이라는 한자를 새기고 TV 토론회에 출현하여 국민들에게 커다란 충격을 주었다. 그런데 실제로 윤 대통령은 대한민국의 왕처럼 현재 행동하고 있다. 민주공화국의 근본 원리인 3권분립이나 민주주의 그리고 법치주의는 윤석열 정권에서 무너진 지 오래다. 검찰 출신 대통령은 검찰권을 사유화하였고, 정치적으로 책임을 물려야 할 공직자에게 책임을 면제할 뿐만 아니라 오히려 영전을 시켜줌으로써 신상필벌의 대원칙을 무너뜨리는 방식으로 헌법상의 대통령 인사권을 사유화하였으며, 대통령의 헌법상 권한인 법률안 거부권을 자신과 자기 배우자의 수사를 무력화하는 데 사용하면서 사유화하였다. 공사 구별조차 하지 못하는 대통령의 모습을 보며 국민들은 서서히 절망해갔다. 그 점이 보수의 종말을 앞당긴 근본적 원인이다.

집권 여당 국민의힘은 자정 기능을 완전히 상실했다. 대통령이 헌법상 권한을 사유화하여 국가의 체제를 붕괴시킨다면 보수는 민심을 받들어 헌법기관으로서 독자적이고 자율적 목소리를 내야 함에도 불구하고 여전히 권력 앞에 숨죽인 고양이처럼 고요한 상태다. 국민에 의해 선출된 국회의원이 아니라 용산으로부터 임명된 윤정회의 모습을 보여주고 있다. 쓴소리는 존재하지 않은 채 여전히 대통령과 "우리는 하나다"라는 우렁찬 건배사만 난무하고 있다. 대통령실 장학생으로서 윤석열 대통령 부부의 안위만을 보위하는 국회의원들은 더 이상 보수라 주장할 근거를 상실했다.

검찰정치의 한계를 명확하게 보면서도 집권 여당은 한동훈이라는 검사 출신 신인 정치인을 단번에 당대표로 올렸다. 한동훈 대표의 정치 이력은 초장부터 요란했다. 총선을 진두지휘한 집권 여당의 비대위원장으로 시작하여 첫 번째 선출직이 바로 집권 여당 108석의 당대표였다. 정치적 경험도 전무할뿐더러 총선에서까지 실패한 비대위원장을 오히려 당대표로 선출하는 그 무모한 결정에 국민들은 경악할 지경이었다. 결국 검찰 출신 대통령과 당대표는 대한민국 집권세력을 이끄는 쌍두마차가 되었으나 그 둘은 지금 같이 밥도 먹지 못할 정도로 사이가 틀어져 나라를 무너뜨리고 있다. 검찰정치의 오만과 독선이 그대로 드러나는 한 장면이다. 국민의힘이 한동훈을 당대표로 선출하며 검찰정치의 폐해에 대한 진지한 반성과 성찰은 없이 여전히 권력에 중독된 기회주의와 노골적 욕망만 드러냄으로써 이젠 보수의 종말은 피할 수 없게 되었다.

대선과 지선을 성공으로 이끌었던 이준석 의원(전 국민의힘 당대표)은 개혁과 젊음의 상징으로 보수에서 꾸준한 성장세를 보여왔다. 본인 스스로 선거중독자라고 표현할 만큼 선거기술 정치공학에는 매우 능했으나 보수를 어떻게 개혁하고 바로잡아 한국 정치 전반에 이바지할 것인지에 대한 담대한 포부와 꿈을 가지지 못하였다. 그랬기에 검찰정치의 상징인 윤석열을 대통령으로 만들었고 대선 승리 이후 권력투쟁에서 밀려나 결국 검찰정치의 황태자 한동훈에게 후계자 자리를 내주고야 말았다. 제3지대의 정치개혁을 입으로는 외쳤으나 이낙연 전 총리와의 합당 시도와 실패로 또다시 국민적 실망을 안겼고 이젠 보수 정당의 주변에서 정치적 재기와 부활을 꿈꾸고 있다. 최근 김건희 여사의 공천 개입 의혹과 관련된 사건에서 명태균 게이트의 중심인물로 언론에 언급되면서 국민들은 이준석의 젊음과 새로움에 대해 더는 기대를 가질 수 없게 되었다. 문제 발굴에만 집착할 뿐 문제 해결 능력을 보여주지 못한 빈곤한 리더십으로 말미암아 보수는 희망을 찾을 수 없는 암흑으로 빠져들고 있다. 이것이 현재 보수가 처한 냉정한 현실이다.

윤석열과 한동훈 그리고 이준석이 만들어낸 지난 5년의 역사는 보수 종말의 연속적 과정이었다. 2016년 박근혜 탄핵 이후 정치적으로 소멸의 길을 걸었던 보수가 우연의 우연한 기회를 틈타 슬그머니 살아났지만 아무런 정치적 비전과 가치를 보여주지 못한 채 검찰정치로 이제 비극적 종말을 맞이하는 시점에 와 있다. 양두구육으로 시작한 검찰정치의 비극적 종말은 어찌 보면 사필귀정이다. 준비되지 않은 집권과 집권 이후 보수가 보여준 무능력의 극치 그리고 책임지지 않는 오만하고 뻔뻔한 정치는 이제 국민의 이름으로 퇴출될 상황에 내몰려 있다. 단순한 리모델링 수준으로 현재의 위기를 극복하기에는 그 무너짐과 상함이 심각하다.

나는 정확한 진단을 할 때만이 올바른 대안과 방향을 만들 수 있다는 신념을 가지고 지난 5년의 보수를 집중적으로 돌아봤다. 친박 공안부 검사 출신 황교안으로 시작하여 친이 세력과 손잡은 특수부 검사 출신 한동훈으로 마무리되는 보수의 오욕의 역사를 냉정하게 성찰함으로써 한국 정치의 작은 희망과 보수 재건의 불씨를 남겨놓았으면 하는 마지막 바람을 담아서 이 책을 세상 앞에 내어놓는다. 미래는 현재를 규정하는 자만이 이끌 수 있다. 보수의 종말을 지켜보는 과정을 통해 이제 과거와 완전히 절연하고 새로운 미래의 희망을 그려야 할 시기이다. 완벽하게 무너지고 부서져야 다시 세울 수 있다. 나는 민심과 동행하는 건강한 보수 세력의 출현을 목놓아 기다릴 것이다. 그리고 한 걸음 더 국민 속으로 들어가 담대하게 행동할 것이다. 이 책이 그 담대한 행동의 시작으로 자리매김하기를 바란다.

2024년 가을

신인규

차례

여는 글: 무너진 보수를 다시 세우려면 _ 4

프롤로그: 보수를 떠받치는 세 가지 기둥
외세와 군부, 윤석열 정권의 새로운 두 기둥 _ 16

뉴라이트의 대본영이 돼버린 용산 대통령실 _ 22

강자에게는 약하고 약자에게는 강했던 보수 _ 26

보수진영에서 개신교는 종교 이상의 종교 _ 33

Part 1 공안검사 황교안의 귀환
민심 위에 믿음 _ 38

오프라인은 전광훈에게, 온라인은 강용석에게 _ 45

조국 사태의 발발과 윤석열의 양면 전쟁 _ 56

공안에서 특수로의 권력 이동 _ 64

Part 2 개혁보수 유승민의 좌절
개업하자마자 폐업했던 새로운보수당 _ 70

유승민이 미래통합당에 백기투항한 까닭은 _ 75

황교안과 한동훈을 비교하면 _ 82

Part 3 김종인의 귀환과 보수판 '서울의 봄'

장제원마저 침묵시킨 김종인의 카리스마 _ 88

김종인이 만들어낸 윤석열의 '별의 순간' _ 95

안철수 대세론, 김종인-이준석의 협공에 무너지다 _ 100

이준석의 부상과 '세대포위론'의 등장 _ 113

Part 4 청년보수 이준석은 어떻게 숙청당했는가

보수의 고인물이 되고 만 풀뿌리 기득권 _ 120

특수부 검사와 지방호족이 만나면 _ 128

국민의힘 경선을 접수한 버스의 힘과 동원의 힘 _ 138

역차별의 희생양 유승민 _ 145

준비된 토사구팽 이준석 토사구팽 _ 148

Part 5 윤석열 강점기의 막이 오르다

이준석표 3대 인사 참사 _ 156

친윤석열 세력의 유승민 집단 린치 _ 164

윤리위원장 이양희의 한밤의 쿠데타 _ 171

이준석이 '정진석의 난'에 장태완처럼 대처했다면 _ 178

누가 윤석열 강점기를 불러왔는가 _ 191

Part 6 정진석 비대위의 잃어버린 6개월

악연과 비극의 출발점 박근혜 비대위 _ 204

이준석의 돌연한 철수 _ 213

윤석열 정권 망가뜨린 배타적 뺄셈의 정치 _ 221

Part 7 김건희의 화양연화(花樣年華)

박근혜를 능가했던 윤석열의 당무 개입 _ 230

허수아비 당대표 김기현이 남긴 것들 _ 241

제 세상 만난 김건희와 친윤 4인방 _ 248

Part 8 윤석열의 어그러진 큰 그림

강서구청장 보궐선거의 충격과 공포 _ 258

윤석열의 기상천외했던 보수압착 전략 _ 264

윤석열 유니버스의 씨줄과 날줄 극우 유튜브 _ 268

이재명도 모르는 이재명의 힘 _ 273

막장드라마 찍은 인요한 비대위의 막간극 _ 279

Part 9 강남보수 한동훈의 길들여진 반란

이준석과 한동훈의 김 빼기 경쟁 _ 290

21세기 대중정치의 뉴노멀 강성 지지층 _ 298

윤석열과 한동훈의 정치적 영구 결별 _ 302

기네스급 총선 참패와 윤석열의 신들린 연기 _ 311

이명박 정권의 윤석열 정권 법정관리 _ 316

윤석열도 못 피해간 성공의 저주 _ 323

Part 10 영남보수가 불러올 보수의 대분열

윤석열 정권 내에는 끊지 못할 보수 연패의 사슬 _ 328

발광체 윤석열과 반사체 한동훈의 질긴 인연 _ 335

윤석열 정권 조기 종식은 국민의힘을 윤정회로 만든 대가 _ 350

에필로그: 한국 보수의 잃어버린 20년

정권은 잃었어도 자정 기능은 잃지 않았던 1기 잃어버린 10년 _ 360

윤석열 자리에 이회창이 있었다면 _ 365

말아먹는 진보 vs 팔아먹는 보수 _ 369

보수재건의 마지막 기회를 붙잡자 _ 373

닫는 글: 오물풍선을 희망의 풍선으로 _ 378

프롤로그:

보수를 떠받치는
세 가지 기둥

외세와 군부,
윤석열 정권의
새로운 두 기둥

공희준 올해 2024년, 광복절 기념식이 제대로 열리지 못하는 불미스러운 사태가 발생했습니다. 이와 같은 파행의 원인은 친일 뉴라이트로 비판받는 인사들이 윤석열 정권 아래에서, 다른 국가기관도 아닌 심지어 독립기념관장에 임명될 정도로 승승장구해온 데 있습니다. 윤 정권은 형식상으로는 검찰정권이지만, 내용상으로는 뉴라이트 정권으로 드러났습니다. 윤석열 정권이 공식적으로 출범한 지 2년 반도 되지 않아 국권 상실의 위기감마저 감도는 지금의 상황을 어떻게 총평하고 계신지요?

신인규 2024년 여름, 대한민국은 집권세력의 잘못된 역사관 때문에 나라가 두 동강이가 날지도 모를 정도로 심각한 상황에 놓여 있습니다. 이러한 국가적 분열이 어디에서 비롯됐겠습니까? 윤석열 대통령이 뉴라이트 세력들 가운데에서도 가장 편협하고 극단적인 분자들이 가진 그릇된 가치관과 세계관을 공유하고 있기 때문입니다.

뉴라이트들이 정권의 전면에 포진해 중요한 국가 정책을 좌지우지하는 것에 대한 전조 현상은 이미 있었습니다. 윤석열 대통령이 작년 이맘때 공산전체주의를 입에 올리며 이념보다 중요한 것은 없다고 주장한 일을 계기로 독립운동을 폄하하는 독립기념관장의 등장은 진즉에 예고된 셈이었습니다. 항일무장투쟁의 영웅인 홍범도 장군의 흉상을 육군사관학교에서 서슴없이 철거하려는 정권이 다른 무슨 짓인들 하지 못하겠습니까?

윤석열 정권은 검찰정권으로 흔히 인식되고 있습니다. 그런데 저는 현 정권을 윤석열 세력과 이명박 세력이 정권의 두 축을 이루고 있는 일종의 연합정권으로 일찌감치 그 성격을 규정했습니다. 검찰-MB 연합정권의 성격을 드러내는 대표적 사례는 20대 대통령 선거가 끝나자마자 장제원 전 의원을 대통령 당선인 비서실장으로 발탁한 일이었습니다. 장 전 의원은 윤석열 대통령처럼 검찰 특수부에서 활동했던 검사들과 이명박 정권에 몸담았던 뉴라이트 인사들을 연결해주는 매개 고리 역할을 한 것으로 보입니다.

초기에는 검사들이 정권을 주도하고 뉴라이트들이 주변에서 그들을 지원하는 양상이었습니다. 지금은 주객이 바뀌어 뉴라이트들이 정권의 조타를 쥐고 있는 분위기입니다. 문제는 이들이 이명박 정권 당시와 견주어 이념과 정책 두 가지 측면 모두에서 더 과격하고 강경해졌다는 점입니다. 김형석 독립기념관장의 사관에 우리 국민 중 과연 몇 명이나 동의하겠습니까? 그럼에도 불구하고 윤 대통령은 기존 인사를 철회할 조짐을 보이지 않고 있습니다. 뉴라이트들에 대한 윤 대통령의 의존도는 앞으로 더더욱 높아지면 높아졌지 낮아지지는 않을 것이기 때문입니다. 따라서 윤 대통령이 그 원인을 제공한 분열과 갈등의 골은 한층 더 깊어질 가능성이 짙습니다.

공희준 전봉준 장군이 선봉에서 이끈 동학농민혁명, 즉 갑오농민전쟁이 서기 1894년에 발발했을 당시 조선 왕조의 관군만으로는 이를 진압할 수가 없게 되자 고종 임금과 여흥 민씨 척족들은 청나라에 원병을 청했습니다. 청과 일본 사이에 1885년 체결된 톈진조약(天津條約)의 조항에 따르면 양국 가운데 한 나라가 조선에 군대를 파병할 경우 다른 나라도 한반도로 군대를 출동시킬 수 있었습니다. 고종의 섣부르고 무책임한 원병 요청은 청일전쟁으로 이어지면서 동아시아 질서를 완전히 뒤바꾸는 도화선 구실을 하고 말았고, 그 결말은 조선이 일본의 식민지로 비참하게 전락하는 것이었습니다.

윤석열 정권은 국내정치적으로는 반대세력을 설득할 의지도, 제압할 능력도 없어 보입니다. 이 와중에 윤 대통령은 거의 강박관념 비슷하게 한미일 공조 강화를 유달리 강조해왔습니다. 한미 동맹 복원과 일본과의 관계 정상화를 허구한 날 떠들고 있습니다. 저는 이게 진짜로 북한을 염두에 두고서 하는 이야기인지, 아니면 이제는 정권 스스로의 힘만으로는 효과적으로 제어하기가 어렵게 된 야당과 언론과 국민을 상대하고자 외세를 개입시키기 위한 노력의 일환인지 윤 대통령의 진정한 속내가 매우 의심스럽습니다. 윤석열 대통령과 김건희 여사의 작금의 모습에서 구한말 무능과 부패로 망국의 비운을 초래한 고종과 명성황후의 잔영을 보는 듯한 느낌을 가진 사람이 저 혼자만은 아니거든요. 자신이 보유한 내부적 권력 자원이 한계에 도달하면 타국의 힘을 빌려서라도 부당한 기득권을 유지하고 싶어 하는 게 권력자들의 본능적 생리이기 때문입니다.

제가 불길한 기운을 감지한 지점은 하나 더 있습니다. 윤 대통령이 이번에 정부의 외교 안보 진용을 개편했는데 외교 전문가가 제격인 자리에 군인 출신 측근 인사를 앉힌 게 도드라진 특징이었습니다. 민간인이 마땅히 있어야 할 곳에 군인이 떡하니 버티고 있으면 그게 다름 아닌 군부의 정치 개입입니다. 윤석열 정권의 임기 반환점을 앞둔 시점에서 외세와 군부라는, 보여선 안 될 존재들이 보이고, 나서는 안 되는 세력들이 나타나고 있습니다.

신인규 윤석열 정부는 레임덕 단계를 생략하고 곧장 데드덕 단계에 진입한 최초의 정부로 기록될 것입니다. 이는 1987년 대통령 직선제가 부활한 이래로 초유의 현상입니다. 권투 경기에 빗대자면 윤 정부의 현재 처지는 상대방 복서에게 링 위에서 흠씬 두들겨 맞고 완전한 그로기 상태에 빠진 복서와 진배없습니다. 외세를 끌어들여서라도 현재의 궁지에서 어떻게든 탈출하고 싶다는 그릇된 충동과 유혹에 넘어가기 딱 좋은 상황입니다. 윤석열 정부의 대일 외교는 단순히 우리나라의 국익을 손상시키는 수준을 훌쩍 뛰어넘었습니다. 국민들로부터 매국노 소리를 들어도 항변하기도, 반박하기도 힘들 만큼 일방적인 퍼주기 외교와 굴종적인 저자세 외교로 일관하고 있습니다. 오죽하면 이제 독도 하나 남았다는 개탄과 우려의 소리가 세간에서 심심찮게 들리겠습니까?

윤석열 정부가 자력구제가 불가능한 형편임을 증명해주는 증인 아닌 증인이 있습니다. 바로 한덕수 국무총리입니다. 한 총리가 지난 총선 대패로 인한 사퇴 의사를 표명한 지 벌써 넉 달이 흘렀습니다. 그런데도 여전히 자리를 지키고 있습니다. 일각에서는 그가 역대 최장수 총리가 될지도 모른다는 불길한 전망마저 제기되고 있습니다. 그러한 예감을 하는 사람이 한두 명이 아닙니다. 이유는 간단합니다. 후임자를 찾지 못하고 있기 때문입니다.

공희준 본인의 의사와는 무관하게 계속 유임을 당하고 있네요.

뉴라이트의
대본영이 돼버린
용산 대통령실

신인규 윤 대통령에게 인사 검증을 통과할 만한 새로운 총리감을 찾을 자신감이 없으니 여당의 총선 참패 책임으로부터 자유롭지 않은 상처투성이 총리를 억지로 끌어안고 있는 격입니다. 이러다가 대통령과 임기를 같이하는 총리가 탄생할 수도 있습니다. 김문수 고용노동부 장관 후보자와 이진숙 방송통신위원회 위원장은 극우 뉴라이트들 중에서도 유달리 평판이 좋지 않은 인물들입니다. 그런 사람들로 정부 주요 조직들이 도배가 돼가고 있어요.

이번 외교 안보 라인 인사도 그 연장선에 놓인 측면이 큽니다. 외교 안보 분야를 군부 인사들로 거의 채워 넣은 경우는 과거 군사정권 시절에도 드문 일이었습니다. 그렇다고 능력이 빼어난 군인들을 골라 요직에 기용했느냐면 그것도 아닙니다. 국방부 장관으로 낙점된 김용현 대통령 경호처장은 윤 대통령의 충암고등학교 1년 선배라는 점이 일차적 발탁 배경으로 분석되고 있습니다. 김 처장은 윤 대통령의 폭정에 항의하는 시민들의 입을 거칠게 틀어막는 '입틀막' 과잉경호로 악명을 떨쳤습니다. 그런 인물을 국방부 장관에 앉혀서 정당한 수사를 틀어막는 '수틀막'을 하겠다는 윤 대통령의 노골적 의도가 이번 인사에 담겨 있습니다. 신원식 현 국방장관을 대통령실 국가안보실장에 지명한 결정에서는 국내정치에 외세를 끌어들이겠다는 노림수가 읽힙니다. 현 정권에 불리한 정국상황을 그렇게 해서라도 반전시키겠다는 포석이겠죠.

공희준 남북한의 긴장이 고조되면 국제사회가 한반도 정세에 개입할 명분이 생기는데, 신원식 장관은 전형적인 대북 강경론자였습니다. 게다가 신 장관은 현 정권의 외교 안보 정책을 실질적으로 총괄해온 김태효 안보실 1차장과는 이명박 정부 때부터 친분이 두터운 것으로 알려져 있습니다. 대일 굴종외교를 주도해온 김태효 또한 뉴라이트 인사임은 물론이고요. 윤석열의 남자 김용현과 김태효의 남자 신원식이 서로 자리를 맞바꾼 셈입니다. 대북 강경론과 대일 굴종론을 양축으로 하는 현 정부의 기존 외교 안보 기조는 당연히 변함이 없을 테고요. 결과적으로 이러나저러나 군부가 외교 안보 정책을 주도하는 모양새가 되고 말았습니다. 그러니 보수언론마저 외교의 자리에 안보가 들어섰다는 식으로, 비판도 아니고 옹호도 아닌 어정쩡한 평가를 내리는 것이고요. 친일 김태효를 보필해 군인 김용현과 신원식이 외교 안보를 이끌게 된 이번 인사를 계기로 저는 '용산 대통령실'이 '용산 대본영'이 됐다고 감히 말씀드리고 싶습니다.

신인규 흥미로운 분석입니다.

공희준 대본영의 원조는 태평양 전쟁 시기의 일본군 대본영인데 여기에는 치명적 맹점이 있었습니다. 대본영에 소속된 정치군인들이 국내에서 정치적 반대세력을 탄압하는 데는 도가 텄는데, 막상 전쟁터에 나가면 삽질의 연속이었다는 사실입니다. 일본군 대본영이 회심의 카드로 밀어붙인 작전이 두 개였습니다. 해군이 중심이 된 과달카날 섬 공방전과 육군이 주도한 버마(현재 미얀마) 진공 작전이었습니다. 이 작전들에서 일본군은 수많은 병사들이 목숨을 잃었는데, 싸우다가 죽은 군인들보다는 굶어 죽거나 병들어 죽은 장병들이 훨씬 더 많았습니다. 자기들은 후방의 안전하고 쾌

적한 사령부 안에서 먹을 것 다 먹고, 입을 것 다 입고, 잘 것 다 자면서도 최전방의 병사들에게는 기본적인 보급조차 해주지 않은 게 일본군 대본영이었습니다. 권력투쟁에 능한 정치군인들이 중앙에서 권력을 농단하고 있으니 전쟁에서 이길 턱이 있나요?

제가 북한 입장으로 역지사지를 해본다면 대통령 고등학교 1년 선배인 게 유일한 변별력이고, 민간인들 상대로 입틀막한 게 이제껏 거둔 주요한 승전보 아닌 승전보일 인물을 국방부 장관에 기용한 남한 정부가 얼마나 우습게 보이겠습니까? 역으로 생각해보면, 이를테면 북한이 인민무력부장을 새로 임명했는데 임명된 이유가 단지 김정은 국무위원장의 김일성 종합대학 1년 선배인 데 있다면 우리로서는 속으로 쾌재를 불러야 하지 않겠어요?

신인규 신원식이 김태효의 남자라면, 김태효는 이명박의 남자입니다. 기승전 MB 식으로 윤석열 정권이 보이는 뉴라이트 행보의 상당 부분은 이명박 전 대통령에게 수렴되고 있습니다.

강자에게는 약하고
약자에게는 강했던
보수

공희준 보수가 한국 사회를 수십 년간 이끌어간 명분은 보수는 실력과 능력을 중시한다는 대중적 믿음에 있었습니다. 하지만 지난 5년 동안 그러한 믿음은 철저히 무너졌습니다. 저는 보수가 국민의 믿음과 신뢰를 상실해간 지난 5년의 기간을 헤겔 변증법에서 말하는 정반합의 관점에서 조망해봤으면 합니다. 사실 정반합은 미래지향적인 긍정적 개념이거든요. 우리나라 보수가 최근 5년간 써온 정반합의 기록은 굉장히 부정적 맥락이었습니다. 뉴라이트로 시작하는 정(正)에서 뉴라이트의 폐해를 극복·탈피하려는 반(反)의 경지로 잠시 나아갔다가 뉴라이트들이 더욱더 극성스럽게 활개 치는 합(合)의 단계로 한층 더 상태가 나빠졌거든요.

한국 정치는 언제부터인가 정치인들의 최종 목표가 정권이 아니라 당권인 정치가 되었습니다. 이러한 일그러진 풍토에는 여당과 야당의 구분도, 보수와 진보의 차이도 없습니다. 주요 정당이나 군소 정당이나 당권에 목을 매는 축소지향의 세태만은 대동소이합니다.

저는 뉴라이트가 거대 양당 중 하나인 보수 계열 정당의 당권을 최초로 완전히 장악한 사례가 2019년 2월에 치러진 자유한국당 전당대회에서 황교안 전 법무부 장관을 당대표로 선출한 일이었다고 생각합니다. 황교안은 박근혜 정권의 공식적 2인자였습니다. 박 정권의 국무총리였기 때문입니다. 황교안은 대안 부재로 말미암아 총리가 됐다는 점에서는 한덕수와 비슷하고, 법무장관 출신으로 정권의 2인자 역할을 맡았다는 측면에서는 한동훈과 유사합니다. 두 사람의 부정적 면모만을 〈마징가 Z〉에 등장하는 아수라 백작같이 반반씩 섞어놓은 인물이 황교안일 수가 있습니다. 2019년 2월은 보수가 박근혜 대통령 탄핵을 계기로 국민들로부터 철퇴를 맞은 시점이었습니다. 그런 쓰라리고 굴욕적인 경험을 했음에도 어찌하여 한국의 주류 보수진영은 보수 내에서 가장 오른쪽 극단에 자리한 데 더해 박근혜의 그림자가 짙게 드리워져 있었던 황교안을 보수의 간판으로 내세웠던 것일까요?

신인규 우리는 대한민국 보수의 특징에 먼저 주목해야 합니다. 우리나라 보수의 최우선적 특징은 강자에게 약하다는 점입니다. 그러니 힘센 자에게 재빨리 줄을 서고 보는 게 한국 보수의 유전자가 되고, 본능이 됐습니다.

박근혜 전 대통령 탄핵소추안이 국회 본회의에서 가결된 다음 문재인 정권이 들어서고 황교안 자유한국당 체제가 출현하기 전까지 1년 6개월의 기간은 한국 보수에게는 흑암(Darkest Hour)의 시간이었습니다. 중간에 홍준표 체제가 잠깐 과도기 형식으로 등장하기는 했는데 2018년 지방선거에서 역대급 참패를 당하고 말았습니다.

보수는 권력이 있거나 권력을 가질 것처럼 보이는 인물을 만나면 조건반사적으로 스스로 알아서 무릎을 꿇는 경향이 있습니다. 동물에 비유하면 꼬리를 내리거나, 배를 뒤집어 보여주는 격입니다. 이러한 순응 또는 순종이 우리나라 보수에게 오랫동안 역사적으로 체질화돼왔습니다. 권력에 대한 왜곡된 욕망에 더하여 기회주의 중에서도 이는 극단적인 기회주의입니다.

공희준 1980년대에는 방금 말씀하신 과도한 패배주의적 노선을 '투항주의'라고 비판했습니다.

신인규 권력에 대한 병적인 맹신과 추종이 그러한 비굴한 행태를 낳기 마련입니다. 그러한 극단적 기회주의가 한국의 보수에게는 하필이면 기본값(Default)으로 깔려 있습니다. 권력에 대한 맹목적 추수에 더해 한국의 보수는 세 개의 기둥에 의지해왔습니다.

첫 번째 기둥은 출세한 고시 출신 엘리트입니다. 두 번째 기둥은 기독교 즉 개신교입니다. 세 번째 기둥은 어르신 곧 노인세대입니다.

황교안 체제는 엘리트와 기독교와 노인세대의 세 가지 기둥으로 세워지고 지탱되었습니다. 인간 황교안에 관한 부연설명을 조금 더 드리자면 검사 시절의 황교안 대표는 노무현 전 대통령의 참여정부 당시에는 주로 한직을 맴돌며 자기 나름 고초를 겪었습니다. 그는 한때 서울중앙지검 2차장 검사까지 역임한 아주 잘나가는 공안검사였습니다. 그가 대한민국 법조계의 주류집단인 서울대 법대 출신이 아닌 점을 고려하면 검사로서 얼마나 성공했는지 짐작할 수 있는 대목입니다. 하지만 민주화가 진전되고 개혁에 속도가 붙으면서 황교안의 입지는 나날이 줄어들었고, 그는 연달아 좌천성 인사를 당합니다. 그러나 황교안은 윤석열의 예고편이기도 했습니다. 검사 황교안은 검사 윤석열만큼이나 버티기에 능했기 때문입니다. 사법시험 9수를 했던 윤석열이 인내와 버티기로 자신의 지위를 굳혀왔다면 황교안은 굴절된 종교적 신념으로 순교자적 이미지로 스스로를 격려하며 정치적 행보를 굳혀왔다고 생각합니다. 공안과 특수 검찰의 오기와 인내 그리고 종교적 신념과 왜곡된 소신이 정치검사들의 실제 권력 획득을 가능하게 만들었다고 봅니다.

공희준 한직을 전전하느니 변호사로 개업해 전관예우로 왕창 당기고 보는데, 윤 대통령과 황 전 대표 모두 그런 유형은 아니었네요.

신인규 두 사람은 옷을 벗지 않고 꿋꿋하게 검찰 조직에 남기를 선택했다는 공통점이 있습니다. 그러다 이명박 대통령이 취임하며 보수로 정권이 바뀌면서 황교안의 운이 다시 트이기 시작합니다. 긴 기다림 끝에 2009년 비로소 창원지검장으로 부임하며 드디어 검사장의 반열에 올라섰습니다.

공희준 창원은 전통적으로 노동운동이 강한 지역이니 공안검사에 대한 수요가 있었겠네요.

신인규 검사장으로 발령된 얼마 후에는 곧바로 고검장으로 승진했습니다. 그는 박근혜 정부에 이르러 마침내 법무부 장관으로도 임명됐습니다. 황교안은 통합진보당 해산을 주도하며 보수진영 내에서 이름값을 신속하게 높였습니다. 그 무렵 청와대 비서실장은 공안검사의 대부로 장기간 군림해온 김기춘 실장이었습니다. 김기춘과 보조를 맞추며 황교안의 정치적 약진이 시작됐습니다. 공안통치가 부활하면서 김기춘 사단이 정권의 주류로 부상했는데 황교안은 그 상징적 인물이었습니다. 김기춘을 시작으로 하여 황교안이 비로소 '친박공안검사' 전성시대를 연 것입니다. 또한, 그에게는 운도 따랐습니다. 정홍원 총리 후임으로 지명된 국무총리 후보자들이 잇따라 낙마했기 때문입니다.

공희준 안대희 대법관은 고액 수임료 논란으로, 문창극 전 중앙일보 주필은 각종 설화로 후보직을 각각 사퇴했습니다. 국무총리직에 가까스로 취임한 이완구 총리는 성완종 리스트에 연루됐다는 게 문제가 되어 사의를 표명했고요.

신인규 이완구 총리의 마땅한 후임자가 없다 보니 황교안 법무장관이 어부지리로 대안으로 떠올랐습니다.

공희준 어부지리도 때로는 실력입니다.

신인규 황교안이 박근혜 대통령 눈에 띈 결정적 이유는 친박 공안검사인 데 있었습니다. 김기춘 실장의 직계 후배이자 계승자였던 셈입니다. 황교안은 전두환 정권 시절에 사법시험에 합격해 1983년 3월에 검사로 임용됐습니다.

공희준 공안검사들의 서슬 퍼런 전성기 때였네요.

신인규 박정희 유신정권의 DNA를 그대로 물려받았다고 볼 수 있겠죠. 전형적인 엘리트 공안검사였습니다.

공희준 황교안은 본인이 고물상의 아들인 데 더해 서울대 출신도 아닌 사실을 강조하며 자신의 서민성을 부각시키려고 애썼습니다.

신인규 황교안 세대에서 성균관대를 후기로 들어간 사람들은 서울대 못잖게 공부를 잘한 사람들이었습니다. 자부심도 강했고요. 더욱이 법무부 장관에 국무총리까지 했으니 엘리트 검사로 충분히 분류될 수 있습니다.

공희준 마지막에는 대통령 권한대행까지 역임했습니다. 관운의 끝판왕이죠.

보수진영에서 개신교는 종교 이상의 종교

신인규 엘리트의 기둥 다음에는 기독교의 기둥이 나타납니다. 황교안은 실제 기독교 전도사이기 때문입니다.

공희준 믿음이 독실한 분이죠.

신인규 엘리트 공안검사에 독실한 개신교도이니 한국 주류 보수의 시각으로는 금상첨화의 스펙이었습니다.

공희준 한국에서 기독교는 단순한 종교가 아닙니다. 천국으로 가는 계단이기 이전에 미국으로 향하는 관문입니다. 태극기 집회 참가자들이 언제부터인가 미국 국기인 성조기까지 흔들기 시작했거든요. 기독교는 미국이라는 강력한 외세의 상징물입니다. 저는 우리나라 보수는 영혼이 없다고 봅니다. 왜냐? 영혼을 강자에게 위탁하기 때문입니다. 이분들이 국내적 차원에서는 힘센 판검사에게 영혼을 맡깁니다. 국제적 수준에서는 세계제국 미국에게 영혼을 아웃소싱합니다. 안에서나 밖에서나, 현세에서나 내세에서나 자기보다 강한 남에게 의지하지 않으면 단 하루도 불안해서 살지 못하는 게 한국의 보수입니다. 저는 만약 기독교가 초강대국인 미국에서 지배적인 종교가 아니었다면 우리나라 보수가 교회로 몰려갈 이유가 없었다고 생각합니다.

신인규 미국은 한국의 보수세력에게 무한한 숭배의 대상입니다. 한국의 보수는 강자만 만나면 자석에 쇳가루가 달라붙듯이 즉각 달라붙습니다. 이게 한국 보수의 실상이고, 대한민국 주류 개신교의 현실입니다. 기독교는 한국 보수와 미국의 교집합 역할을 해왔습니다.

공희준 노인세대의 압도적 지지까지 화룡점정으로 보태지면 삼박자의 완성입니다.

신인규 황교안은 1957년생입니다. 노인세대와 폭넓은 접점을 만들어낼 만큼의 나이였습니다. 이로써 엘리트, 기독교, 노인층의 세 개 기둥이 단단히 세워졌습니다. 보수는 박근혜 탄핵과 2017년 대선 패배와 2018 지방선거 참패라는 3연타석 홈런을 맞고서 보수 궤멸 상태에 빠졌습니다. 2020년 총선까지 지면 4연타석 홈런을 통타당하는 기념비적 치욕을 겪게 될 참이었습니다. 지방선거 참패로 강판당한 홍준표에 이어 마운드에 오를 구원투수가 절실하게 필요했습니다. 때마침 황교안은 보수층을 중심으로 각종 여론조사에서 상당한 지지율을 기록했습니다. 그를 정치판으로 불러낼 여건이 어느 정도 갖춰진 상황이었습니다.

Part 1

**공안검사
황교안의
귀환**

민심 위에
믿음

공희준 2019년 자유한국당 전당대회가 정치인 황교안의 사실상 공식 데뷔전이었습니다.

신인규 황교안, 오세훈, 김진태 세 사람이 전당대회 당대표 경선에 출마한 인사들 가운데 유력 당권 주자로 손꼽혔습니다. 이 세 명 중에 황교안이 엘리트, 기독교, 노인층 지지라는 3요소를 가장 충실하게 확보하고 있었습니다. 이게 박근혜 정권의 2인자인 황교안이 2020년 총선에 대비한 필승 카드로 당원들의 선택을 받은 중요한 원인이었습니다.

공희준 제가 일산 킨텍스에서 개최된 2·27 자유한국당 전당대회를 구경 반, 취재 반으로 보러 갔습니다. 당시 황교안이 내세운 핵심적 논리는 보수가 결집되지 않아 박근혜 전 대통령이 불명예 퇴진을 당했다는 것이었습니다. 저 같은 중도층 유권자가 듣기에는 고개가 갸웃거려지는 논리였습니다. 황교안과 김진태 둘 다 검사 출신인데 황교안이 이름값이 더 있기 때문에 당대표에 당선됐습니다.

신인규 공안검사로서 엘리트 경력과 기독교 기반에서 황교안이 압도적으로 우위에 있었습니다. 더욱이 성조기 흔드는 데서는 김진태가 황교안을 당해내기 어려워 보입니다.

공희준 서울대 졸업 학력 하나를 논외로 한다면 김진태가 황교안을 상대로 그 어떠한 비교우위도 누리지를 못했어요.

신인규 어르신들의 마음을 사는 일에서도 황교안이 앞섰습니다.

공희준 박근혜의 후광을 업고 있었으니까요. 그즈음의 김진태는 당선을 목적으로 나왔다기보다 본인의 이름을 홍보하려는 차원에서 출마한 성격이 강했습니다. 전형적인 노이즈 마케팅용 출마였습니다.

신인규 황교안 전 총리는 당시 각종 여론조사 지지율에서 현재의 한동훈 국민의힘 대표처럼 꾸준히 2등을 찍었습니다. 조금만 더 밀어주면 황교안 카드로 정권 탈환이 가능하다는 게 보수의 전반적인 정치적 셈법이었습니다.

공희준 박근혜 대통령이 극보수, 즉 강경보수 노선을 고집한 탓에 탄핵을 당했다는 게 상식적 판단이었습니다. 그럼에도 우리나라 보수는 극보수도 모자라 극극보수인 황교안을 자신들의 간판으로 내세웠습니다. 저 멀리 남태평양 한가운데 외따로 고립돼 독특하게 진화해온 갈라파고스 제도의 이구아나 도마뱀들 같은 행태를 한국의 보수는 왜 자꾸만 고집하는지 저로서는 도무지 이해가 가지 않습니다.

신인규 저는 한국 보수의 정서적 토대를 형성하고 있는 기독교 신앙이 여기에 큰 영향을 미쳤다고 생각합니다. 박근혜 대통령은 민심과 동떨어진 까닭에 국민의 심판을 받고 파면당한 최초의 대통령이 됐습니다. 그래도 변하지 않는 게 보수입니다. 이쯤 되면 민심과의 영구결별을 택했다고 말해도 과언이 아닐 지경입니다. 그런데 기독교적 신앙관에 입각하면 세상의 시선 따위는 개의치 않고 구원을 찾아 헤매는 게 오히려 정상적 행동이 됩니다. 세상을 향한 왜곡된 배타성 또는 선민의식이 사회의 보통상식을 거침없이 무시하는 독선적이고 독단적인 사고방식의 근거 구실을 해왔습니다.

공희준 기독교적 세계관에 따르면 실패는 없습니다. 단지 시련이 있을 따름입니다. 태극기 집회에서 할렐루야 외치는 사람들에게 박근혜 탄핵은 한국식 보수정치의 실패가 아닙니다. 더 큰 성공으로 향하는 과정에서의 일시적인 시련일 뿐입니다.

신인규 「욥기」는 기독교인들이 즐겨 읽는 『구약 성경』의 일부입니다. 욥이 엄청난 고난을 겪은 끝에 마지막에는 엄청난 축복을 받는다는 행복한 결말로 마무리됩니다.

공희준 보수 기독교도들이 좋아할 만한 내용이네요.

신인규 탄핵도 더 큰 권력으로 나아가는 불가피한 징검다리라고 생각을 하니 어떻게 오류가 교정될 수 있겠습니까? 자기 정화 능력이 없는 보수가 민심과 괴리되고 마는 현상은 필연입니다.

공희준 "회개하라!"는 예수님의 핵심적 메시지는 쏙 빼놓는 게 우리나라 보수 개신교로 보입니다.

신인규 우리나라 보수 기독교는 두 바퀴로 굴러왔습니다. 하나는 재물과 권력을 추구하는 기복신앙입니다. 또 다른 하나는 타인을 무지몽매하다고 여기는 선민사상입니다. 이를테면 신은 유대인을 전 인류를 구원하는 데 필요한 도구로 선택했는데, 유대인들은 특별한 존재인 자신들만 구원을 받는다고 착각하고 있습니다. 그러한 유대인들의 착각을 한국의 보수 기독교가 나라만 달리해 고스란히 공유하고 있습니다. 성공만 좇는 기복신앙과 나만 잘났다고 생각하는 선민의식은 보수 기독교를 타고서 우리나라 보수정치에도 그대로 이식됐습니다. 기복신앙은 강자를 향한 무조건적 복종으로 탈바꿈했고, 선민의식은 오만한 엘리트주의로 바뀌었습니다. 보수 개신교의 단점과 한계를 보수정치가 여과 없이 인계받은 양상입니다.

공희준 위원장님께서 방금 말씀하신 내용이 서초동 법조타운에서 굉장히 의미심장하게 나타납니다. 서초동 법조타운은 한국사회에서 엘리트주의의 산실이자 아성으로 자리매김하고 있는데, 그곳의 중심일 법원과 검찰청의 길 건너에 자리 잡은 건물이 하필이면 굴지의 대형교회인 사랑의교회거든요.

절도 아니고, 서원도 아닌 교회가.

신인규 대법원 바로 맞은편에 위치해 있지요. 고등고시와 개신교는 한국 보수진영의 상층부에 진입하는 데 필요한 아주 중요한 표식입니다. 황교안은 이 두 가지 라이선스를 전부 소지하고 있었습니다.

공희준 거기에 미국 유학까지 다녀왔으면 보수진영 안에서는 어디를 가도 목에 힘을 주고 다닐 수 있습니다.

신인규 황교안은 정치적으로 훈련받은 사람이 아닙니다. 그는 정치인으로 출세할 생각보다는 법조인으로 성공하고 싶은 야망이 더 컸던 인물입니다. 따라서 그가 내걸 수 있는 기치는 탄핵 무효와 부정선거 딱 두 개뿐이었습니다. 총선 전에는 탄핵 무효가 간판 메뉴였고, 총선에서 패배한 다음에는 부정선거가 고정 레퍼토리가 되었습니다.

공희준 탄핵 무효와 부정선거 모두 상식적 미래 비전과는 무관한 구호들입니다.

신인규 황교안 전 대표는 현재는 야인으로 취급받아도 될 만큼 정치적으로 처절히 몰락했습니다. 단지 민경욱 전 의원, 공병호 전 미래한국당 공천관리위원장, 고영주 자유민주당 대표 같은 몇몇 사람들만이 황교안처럼 아직도 부정선거를 외치고 있습니다.

오프라인은 전광훈에게, 온라인은 강용석에게

공희준 우리나라 정치권에는 바늘과 실 같은 관계로 인식되는 사람들이 있습니다. 예를 들면 김종인 하면 이준석, 이재명 하면 정청래, 문재인 하면 양정철이 마치 인터넷 포털사이트의 연관검색어같이 따라 나옵니다. 그것처럼 황교안 하면 자동으로 연상되는 인물이 있습니다. 전광훈 사랑제일교회 전 담임목사입니다. 2020년 제21대 총선 국면에서 자유한국당의 황교안 체제를 떠받치는 두 축이 있었습니다. 한 축은 오프라인의 아스팔트 보수이고, 또 한 축은 온라인의 극우 유튜브 방송이었습니다. 저는 박근혜 탄핵 이후의 보수는 전광훈과 강용석이 없으면 설명이 되지 않는다고 생각합니다. 황교안 체제의 출범은 전광훈 목사와 강용석 전 의원의 〈가로세로연구소〉가 보수정치의 전위대 겸 사령탑으로 등장하는 계기가 됐습니다.

신인규 2019년도 형식적으로는 지금처럼 여소야대의 국회 구도였습니다. 하지만 내용적으로는 새누리당의 후신인 자유한국당이 완전히 궁지로 내몰린 상황이었습니다. 더불어민주당과 바른미래당과 정의당이 손잡고 국회를 주도하던 시기였습니다. 탄핵 반대세력은 국회라는 제도권 공간에서는 무기력한 소수로 전락한 상태였습니다. 그러자 이들은 장외로 뛰쳐나가게 됩니다. 오프라인에서는 태극기 집회로 발길을 향했고, 온라인에서는 극우 유튜브 채널들로 시선을 돌렸습니다. 이때는 이준석이 개혁보수의 대변자로서 정치적으로 기지개를 켜기 전이었습니다. 따라서 오프라인의 전광훈과 온라인의 강용석이 보수의 투톱 역할을 맡게 됩니다. 보수는 그전에는 거리투쟁을 거의 경험해보지 못했었습니다. 동원력도 없었고요. 그러한 경험 부족과 인력 수요를 전광훈 목사와 그를 추종하는 신자들이 메워주었습니다. 헌법 제20조 제2항의 정교분리 대원칙과 가치를 무시한 채 종교가 정치에 깊숙하게 개입하는 문을 열어준 셈입니다.

공희준 당시의 전광훈 목사는 가히 팔방미인이었습니다. 무대 설치부터 인원 동원과 연사 섭외에 이르기까지 만능 해결사였습니다.

신인규 전광훈 목사는 그 대가로 헌금을 챙길 수 있었습니다.

공희준 법률적으로는 모금이었다고 합니다. 교회 안에서 걷어야만 헌금이거든요. 전광훈 목사가 한사코 모금이 아니라 헌금이라고 주장한 이유는 헌금으로 처리돼야 세금을 내지 않을 수 있었기 때문이라는 전설 같은 후일담이 전해지고 있습니다.

신인규 더 주목할 사실은 그즈음 전광훈 목사가 사랑제일교회 담임목사에 더해서 한국기독교총연합회, 약칭 '한기총' 회장을 겸하고 있었다는 점입니다. 그가 우리나라 보수 개신교 교단들 전체를 대표했던 셈입니다. 전광훈 목사가 특정한 개별 교회 수장 자격에 머물렀다면 조직이든 자금이든 동원력이 미미했을 겁니다. 그런데 우리나라 개신교 연합기구를 움직일 수 있는 위치에 있었습니다. 소수의 강경세력만 남은 자유한국당이 전광훈에게 충분히 매력을 느낄 만했습니다.

공희준 민주주의가 제도적으로 정착된 다른 나라의 보수 정당들은 대부분 세속주의에 기반하고 있습니다. 당의 사활과 존폐를 특정 종교 혹은 특정 종교 단체에 기대지 않습니다. 정교분리는 현대 민주주의 정치의 핵심적 원칙이기 때문입니다. 심지어 과거 박정희 정권과 전두환 시절에도 공화당이나 민정당이 특정 종교와 공개적으로 손잡지는 않았습니다. 정교분리 원칙을 단념하고, 세속주의를 포기했다는 측면에서 21세기 한국 보수는 20세기 보수만도 못합니다. 20세기에는 북한이 우리식 사회주의를 내세우더니, 21세기에는 남한에 우리식 보수주의가 대두하고 있습니다.

신인규 정교분리에서 정교일치로 역주행했으면 최소한 거룩한 면모라도 보여야 하는데, 더욱더 세속적으로 변질돼가고 있습니다.

공희준 신과 구원이 있어야 할 자리에 돈과 권력이 들어섰으니까요. 그게 우리식 보수주의의 진면목이고 고갱이입니다.

신인규 이는 보수주의 탈을 쓴 배금주의와 쾌락주의에 불과합니다.

공희준 보수는 가두로 진출해 아스팔트 보수가 되는 한편으로 유튜브를 무대로 디지털 보수가 되었습니다. 디지털이 이렇게 구리고 칙칙한 느낌을 줄 수도 있다는 게 기이합니다.

신인규 국회 의석 분포를 감안하면 보수는 국회에서는 할 수 있는 일이 없었습니다. 보수는 그 대안과 활로를 종교에서 찾았지요. 게다가 유튜브가 보수를 위한 해방구 노릇을 해줄 수 있다는 사실도 발견하게 됩니다.

공희준 우리나라 보수는 대중 동원력이 부실하기로 유명했습니다. 보수 집회는 늘 썰렁하게 파리만 날리기 일쑤였거든요. 전광훈은 그러한 관행에 순식간에 종지부를 찍었습니다. 보수 집회가 참석자들로 인산인해를 이루는 신기원을 이뤄냈습니다.

신인규 아스팔트 보수는 유튜브 보수이기도 했습니다. 온라인과 오프라인의 유기적 결합이 더는 진보의 전유물이 아니게 됐습니다. 그 바탕에는 엘리트 공안검사 황교안과 한기총 회장 전광훈과 노인세대의 〈나꼼수〉로 불린 강용석의 〈가로세로연구소〉가 삼각편대를 이루고 있었습니다.

공희준 예전에 〈나꼼수〉 팀이 여의도에서 오프라인 행사를 개최한

적이 있는데 전광훈과 강용석 연합 팀은 대중 동원력에서 〈나꼼수〉 팀을 일거에 능가해버렸습니다.

신인규 황교안, 전광훈, 강용석이 삼위일체를 이루며 보수, 정확히는 강경극우 아스팔트 태극기 보수가 힘과 자신감을 회복했습니다.

공희준 참 우스운 대목이 강용석 전 의원은 불륜 시비에 휩싸인 데서 보이듯 매우 불경스러운 삶을 살아왔습니다. 경건함과는 180도 대척점에 있습니다. 금전과 관련된 불미스러운 구설수에 수시로 휘말리기도 했고요. 그런 강용석이 보수 삼각편대의 한 축을 당당하게 차지했다는 게 황당하고 엽기적입니다.

신인규 강경보수는 자기편 과오에는 매우 관대합니다.

공희준 역시 내로남불에는 예외가 없네요.

신인규 정치적으로 세를 불리려면 세 가지 자원이 안정적으로 공급돼야 합니다. 정책과 조직, 그리고 선전선동입니다. 보수는 정책이라고 부를 만한 게 원래부터 없었으니 자세히 언급할 필요는 없겠습니다. 정책이 없으니 조직과 선전선동에 대한 의존도가 높아져야만 했습니다. 여기에서 전자를 전광훈 목사가 정당의 조직부총장 격으로 맡아주고, 강용석 전 의원이 홍보위원장 역할을 자임하며 선전선동에 앞장섰습니다.

공희준 황교안 대표 체제에서 자유한국당은 조직과 홍보 업무를 외주사에 통으로 발주한 셈이었네요.

신인규 자유한국당은 황교안과 전광훈과 강용석의 3인 집단 지도체제처럼 꾸려졌습니다.

공희준 우리나라 정당들은 어느 정당이든지 공통적으로 플랫폼을 지향하거든요. 황교안의 자유한국당이 소 뒷다리로 개구리 잡는 격으로 플랫폼 정당이 되었었네요.

신인규 황교안 체제의 자유한국당은 방금 말씀하신 것처럼 강경보수를 위한 플랫폼 정당으로 시나브로 개조됐습니다.

공희준 결과적으로 보수적 시민사회와 결합을 이뤄냈으니 플랫폼 정당이었음은 분명합니다. 플랫폼 정당이 된다고 해서 꼭 성공한 정당이 된다는 보장은 없다는 반면교사 역할을 했다는 게 탈이지만요. 황교안 대표가 집회에 참석한 사람들을 배경으로 몸을 Y자 모양으로 만들어 사진을 찍은 건 두고두고 화제가 되고 있습니다. 황교안에게 'Y'라는 별명이 붙은 기원이지요.

신인규 황교안과 전광훈과 강용석이 공동으로 구축해 탄생시킨 플랫폼에 너도나도 올라타기 바빴습니다. 당시 원내대표로 있던 나경원 의원도, 윤석열 대통령에 의해 최근 고용노동부 장관 후보자로 지명된 김문수 전 경기지사도, 심지어는 황교안에게 당대표 경선에서 민심에서는 이기고 당심에서는 졌던 오세훈 현 서울시장도 플랫폼에 출석 체크를 했습니다. 유승민과 이준석 정도를 빼놓으면 거의 모든 보수 정치인들이 플랫폼 이용자였다고 해도 과장이 아니었습니다.

공희준 중도 성향으로 분류되는 오세훈 시장까지 얼굴을 내비칠 정도였으면 자유한국당이 총궐기한 광화문 태극기 집회가 엄청 흥했다는 뜻이거든요. 황교안의 기세도 하늘을 찔렀고요. 하지만 결과적으로는 보수가 부활한 것 같은 신기루를 낳은 착시현상일 뿐이었습니다.

신인규 저는 당시까지는 보수적 관점을 지닌 일반 시민이었습니다. 정당인이 되기 이전이었습니다. 제가 상식적인 일반인 시각에서 바라볼 때 태극기 부대의 흥행은 보수의 부활로도, 외연 확장으로도 인식되지 않았습니다. 낡은 구태보수의 상징으로 인식되었을 뿐입니다. 지금은 사라진 자유민주연합을 따라서 역사 속으로 응당 퇴장해야만 할 시대착오적인 강경 극단보수들의 마지막 힘자랑으로 비쳤을 뿐입니다. 연단에 오르는 사람들의 숫자와 면면에 비추면 국민들이 귀 기울여 경청할 만한 메시지도 없었습니다. 적폐청산의 이름 아래 일방적 독주를 감행하던 문재인 정부를 견제하고 대체할 대안 세력으로 봐주려야 봐줄 수가 없었습니다. 제가 기대와 관심을 기울인 대상은 따로 있었습니다. 안철수 대표의 국민의당과 합당해 바른미래당으로 활동하던 개혁보수 인사들이었습니다. 물론 바른미래당의 혼란상 때문에 그분들의 존재가 빛을 발하기는 힘들었지만요.

공희준 바른미래당 안의 갈등은 현대 한국 정치사에서 세 손가락 안에 들어갈 역대급 내분이었습니다.

신인규 그럼에도 개혁보수 유승민이 극우보수 황교안에 견주어 나왔으면 나왔지 못하지는 않다는 게 저의 판단이었습니다.

저 같은 관점의 사람에게 황교안, 전광훈, 강용석 트로이카의 태극기 집회는 아무런 감동과 희망을 자아내지 못했습니다.

공희준 반면에 황교안 개인을 엄청나게 띄워주는 효과가 있었습니다. 황교안 보려고 사람들이 구름처럼 몰려드는 것 같았거든요.

신인규 사람들이 많이 모인다는 점에선 한동훈 국민의힘 대표의 지금 모습과 비슷했습니다.

공희준 황교안 대표가 자유한국당을 장악했었다고 봐야 할까요?

신인규 전당대회 경선에서 황교안은 당심 덕분에 1등을 할 수 있었습니다. 민심이 선호한 오세훈은 2등으로 밀려났고요. 인지도를 높이기 위해 카우보이모자를 쓰고 나타난 김진태가 3등을 했습니다. 당심이 먼저인 정당에서 당원들의 압도적 지지로 1등을 했으니 당을 장악하는 데 성공한 것은 맞습니다. 박근혜 탄핵 직후 치러진 장미 대선에서는 문재인 41.08퍼센트, 홍준표 24.03퍼센트, 안철수 21.41퍼센트, 유승민이 6.76퍼센트의 득표율을 기록했습니다. 우리나라는 국정농단을 일삼다가 탄핵을 당해도 찍어주는 사람들이 전체 유권자의 4분의 1 가까이 존재합니다. 황교안 대표는 이러한 콘크리트 지지층에게만 철저하게 부합하는 행보를 했습니다. 일단 4분의 1을 먹고 들어가니 각종 여론조사에 차기 대선주자로 2등은 꾸준히 찍을 수 있었습니다. 황교안 대표가 뭔가 될 것 같다는 허망한 기대감을 보수층이 품게 된 배경입니다.

조국 사태의 발발과
윤석열의 양면 전쟁

공희준 황교안의 주가가 올라가던 즈음 때마침 조국 사태가 터졌습니다. 탄핵 후유증 때문에 고전하던 보수로서는 길 가다 로또 주운 격이었습니다. 조국 사태로 진보진영에 등 돌린 중도층이 보수세력으로 갈아탈 것 같은 분위기마저 풍겼습니다. 조국 청와대 민정수석이 법무부 장관 후보자로 공식 발표되었던 2019년 8월 9일부터 법무장관직에서 전격적으로 사퇴 의사를 표명한 같은 해 10월 14일까지 66일은 황교안의 최전성기이자 판이 완전히 뒤집힐 것 같은 느낌을 준 시기였거든요. 더 중요하게는 문재인 정부의 검찰총장이었던 윤석열이 정치적 도약에 필요한 토대를 확실히 마련한 기간이기도 했고요. 한동훈이라는 이름이 대중에게 본격적으로 알려지기 시작한 것도 바로 이 두 달여 동안이 었습니다.

신인규 조국 수석은 그해 9월 9일 법무부 장관으로 취임했습니다. 장관 자리에 한 달 남짓 머물렀습니다. 조국 장관의 취임을 즈음해 광화문의 조국 사퇴 촉구 태극기 집회에 맞서서 서초동에서는 조국 수호 촛불 집회가 거의 연일 열렸습니다. 대한민국이 올해 광복절처럼 완전히 두 쪽으로 갈라지며 진영 대립의 극단을 보여주는 모습이었습니다.

보수 입장에서 조국 사태가 로또였다면. 진보 시각에서는 문재인 정권 내부의 권력투쟁 성격이 강했습니다. 그 무렵은 문재인 정부 집권 2년에 대한 민심의 중간평가가 이뤄지던 때였습니다. 문재인 정부는 "기회는 평등하고, 과정은 공정하고, 결과는 정의로울 것"이라는 거창한 구호 아래 출범했습니다. 하지만 현실에서는 부동산값은 폭등하고, 사회적 갈등은 심화됐습니다. 설상가상으로 '내로남불'로 상징되는 집권세력의 위선도 도처에서 드러났습니다. 이와 같은 총체적 난맥상이 여권 내에서 부산경남 출신 대선주자로 각광을 받았던 조국이라는 특정한 인물을 통해 한꺼번에 표출되고 말았습니다.

조국은 문재인 정부의 핵심적 국정 목표인 검찰 개혁의 기수를 자임했습니다. 어찌 보면 제일 어려운 개혁 과제의 십자가를 조국이 졌을 수도 있습니다. 그런데 민심이 단연 민감하게 반응하는 주제인 자녀의 교육문제에서 발목이 잡히고 말았습니다. 사실 사모펀드 의혹 같은 사안은 이해하기도 어려울뿐더러 나중에 법원에서 무죄 선고를 받았습니다. 대신, 입시와 관련된 표창장 위조 논란은 국민의 역린을 제대로 건드리는 일이었습니다. 교육의 공정성과 사회적 기회의 형평성이라는 주제와 맞닿아 있었기 때문입니다. 문재인 정부는 출범 이후 '적폐청산'을 요란하게 부르짖었습니다. 게다가 적폐청산 수사를 통한 과정에서 공정과 정의의 기준을 정권 스스로 엄청 높여놨습니다.

공희준 조국 사태 당시에 문재인 정부와 더불어민주당은 자신들이 높여놓은 허들에 자기들이 걸려 넘어진 모양새였습니다.

신인규 그 높아진 기준과 엄격해진 잣대로 박근혜 정권과 보수진영을 심판할 때는 거칠 것이 없었습니다. 그런데 보수진영에 대한 단죄가 어느 정도 마무리되자 그 기준과 잣대가 진보를 옥죄기 시작했습니다.

공희준 조 장관이 첫 번째로 부메랑을 맞았죠.

신인규 문재인 정부는 적폐청산의 수단으로 검찰을 활용했습니다. 한때 유용했던 검찰의 칼날이 이번에는 방향을 바꿔 문재인 정부를 향하게 됐습니다. 그런데 윤석열 검찰총장이 이후에 보수로 넘어온 사실을 염두에 둔다면 조국 사태가 문재인 정권 안에서의 권력 다툼이었다는 점이 더 선명해집니다.

공희준 문재인 정부처럼 검찰을 요긴하게 써먹은 정부도 알고 보면 드뭅니다. 적폐청산의 요체는 사법 처리이고, 사법 처리의 필수품은 검찰 조직이거든요. 검찰을 동원하지 않는 적폐청산은 애들 풀지 않고 유흥가를 접수하는 것과 마찬가지입니다.

신인규 적폐청산은 사실상 검찰이 다 했습니다. 박영수 특검 팀마저 실제 주역은 검찰에서 파견된 인력이었으니까요. 집권 초기의 문재인 정부에게 검찰은 가려운 곳을 시원하게 긁어주는 효자손이었습니다. 검찰의 종횡무진한 전방위 수사 없이 문 대통령 임기 초반의 기록적인 높은 지지율이 어떻게 가능했겠습니까? 그 효자손의 원투펀치가 검사 윤석열과 검사 한동훈이었습니다. 문재인 정부는 파격적 승진으로 그러한 활약상에 보답했습니다.

공희준 대전고검 검사였던 윤석열을 서울 중앙지검장에 임명한 일부터가 기존의 검찰 인사 관행을 완전히 뒤엎는 쓰나미급 기수 파괴였다는 언론 보도가 나오기도 했습니다. 적폐청산 드라이브에 대한 논공행상을 확실히 한 셈이었습니다. 김건희 여사가 〈서울의소리〉 이명수 기자와의 통화에서 한 표현을 인용하자면 문재인의 충신 윤석열이 조국을 21대 국회의원 선거를 불과 7~8개월 남긴 시점에서 탈탈 털어주니 보수가 2020년 총선을 계기로 화려하게 부활할 거라는 예상이 곳곳에서 터져 나왔습니다. 역사에서 가정법은 부질없는 노릇이라지만 만약에 황교안 대표가 조국 사태 국면에서 물 들어올 때 노 젓는다는 마음가짐으로 과감하게 중도의 드넓은 영역으로 나아갔다면 코로나 19 바이러스 감염병에도 불구하고 보수가 이듬해 치러진 총선에서 선전할 수 있지 않았을까요? 하지만 현실에서는 외려 더 강경한 우클릭을 해버렸습니다.

신인규 황교안은 정치적 DNA 자체가 좌클릭이 불가능한 인물입니다. 공안검사 출신에 보수 기독교도인 데 더하여 노인세대를 주된 지지층으로 삼고 있던 탓이었습니다. 물론 중도 이미지를 연출하는 쇼야 잠깐 할 수도 있었겠지만, 문제는 황교안이 매우 진지한 성격의 소유자였기 때문에 그런 쇼조차 하기 어려웠다는 점입니다. 전광훈과 손을 잡은 황교안의 태생적 한계였을 것입니다.

공희준 황교안 대표가 굉장히 독특한 캐릭터인 게 악(惡)하면서도 순수하거든요.

신인규 인간 황교안에 대한 법조계의 전반적 평가는 그리 나쁘지 않았습니다. 인간 윤석열에 대한 평가와 비교하면 거의 호평 일색이었습니다.

공희준 이념에 문제가 있지 인성에는 문제가 없는 게 황교안일 수 있습니다.

신인규 극우이념에 꽂힌 게 탈이지, 인간성 자체에 큰 문제는 없었습니다. 고액 수임료 전관예우 논란은 있었으나 특별한 개인적 구설수는 의외로 없었고요. 그는 윤 대통령 부부와 달리 형식적인 법은 지키며 살았습니다. 그러나 이념적으로 그릇된 방향으로 나아가면서 전광훈 목사 같은 인물들과 어울렸다는 게 정치인 황교안이 범한 치명적 패착이었습니다. 전광훈과 종교적 일체감을 형성했던 전도사 황교안이 당대표 황교안을 말아먹었다고 볼 수도 있습니다. 태생적으로 황교안은 중도확장으로 나아가기 어려웠습니다.

공희준 자동차에 비유하자면 운전대를 오른쪽으로만 꺾을 수 있는 특이한 구조의 차량이었네요.

신인규 깜빡이도 오른쪽 깜빡이만 켠 채로 달렸습니다.

공희준 왼쪽 깜빡이 켜면서 핸들은 오른쪽으로 돌리는 사기는 치지 않았지요.

신인규 구조적으로 좌회전 불가 자동차였습니다. 만에 하나 좌회전을 하게 된다면 폐차장에 보낼 때가 됐다는 신호입니다.

공희준 이쯤에서 윤석열 대통령과 황교안 대표의 차이점을 한번 짚고 넘어갔으면 좋겠습니다.

신인규 똑같은 검사 출신인데 5년 전 이맘때는 중도층 사이에서 윤석열은 호감의 상징이었고, 황교안은 비호감의 대명사였습니다. 그 원인은 국민들이 박근혜 정권을 참담한 실패로 이끈 김기춘 실장 유형의 공안검사들에게 진절머리가 난 데 있었습니다. 윤석열을 돌격대장으로 활용해 그 지긋지

굿한 친박 공안검사들을 일망타진하다시피 했습니다.

공희준 가히 발본색원 수준이었습니다.

신인규 이는 민심의 여망과 일치하는 일이었습니다. 그 여망을 최전선에서 실현해주는 사람이 당시 검사 윤석열이었어요. 그는 공안검사들 때려잡는 철퇴 역할을 해줬습니다.

공희준 같은 철퇴라도 황교안 대표 같은 공안 철퇴들은 이념 중심으로 똘똘 뭉쳐 있습니다. 김기춘 사단은 박물관에 당장 보내야만 할 낡고 녹슨 철퇴였습니다. 이와 달리 윤석열 사단은 김기춘 사단을 치는 반들반들 윤이 나는 최신형 철퇴였습니다. 물론 당시에는요. 윤석열 사단은 김기춘류의 공안검사들과의 전쟁과, 조국을 법무장관으로 미는 세력과의 전쟁이라는 양면 전쟁을 약간의 시차를 두고 치렀습니다.

신인규 윤석열은 두 개의 전선에서 거의 동시에 치열한 헤게모니 투쟁을 벌였습니다.

공안에서 특수로의
권력 이동

공희준 문재인 정부는 검찰의 힘을 뺀 게 아니라 검찰 내에서의 권력 이동만 결과적으로 초래하고 말았을 뿐이네요. 권력 이동의 과정에서 검찰 권력은 도리어 더 강대해졌고요.

신인규 더 황당한 일은 그 무렵에는 김건희 여사가 스스로를 진보의 대모로 인식하고 있었다는 점입니다.

공희준 맞아요. 진보의 대모 또는 진보의 큰누나였습니다. 진보 매체에 소속된 기자에게 서슴없이 동생이라고 부르며 말을 놓았으니, 대단한 붙임성이었습니다.

신인규 그때는 신지호 현 국민의힘 전략기획부총장 같은 뉴라이트 계열 인사들은 윤 대통령과 김 여사 부부 근처에 얼씬거리지도 못했습니다.

공희준 그때 시점을 기준으로 김건희 여사의 페이스북 친구들 면면을 살펴보면 거의 전부가 진보 성향의 유명 인사들이었습니다.

신인규 윤 대통령이 검사 신분으로 문재인 정부에서 승승장구했으니 그럴 만도 했습니다. 집권 초기의 기세 좋던 문재인의 후광이 고스란히 윤석열에게 전이됐으니까요. 지금은 뉴라이트의 대부가 된 윤석열 대통령을 생각하면 격세지감이 들지 않을 수가 없습니다.

공희준 윤석열 검찰총장 후보자의 인사청문회를 오늘날 되돌아보면 세상에 그런 코미디가 없었습니다. 가관 중 가관이었습니다. 장제원 전 의원은 윤석열 후보자를 피 묻은 손이라고 질타까지 했습니다. 그 피가 누구 피겠습니까? 보수들이 흘린 피였죠. 현재의 윤석열과 장제원의 관계에 비추면 한마디로 그로테스크합니다. 너무 으스스해요.

신인규 그럼에도 여론은 문재인과 윤석열 편이었습니다. 당시 여당이었던 박주민 의원과 김종민 의원, 백혜련 의원, 송기헌 의원 그리고 표창원 전 의원 같은 사람들, 심지어 야당이었던 민주평화당 박지원 의원까지도 오히려 윤석열 당시 검찰총장 후보자를 두둔하고 추켜올리기에 바빴습니다.

공희준 반대로 야당 법사위 위원으로 있던 김진태 현 강원지사가 김건희 여사의 학력 위조 의혹을 입에 올리며 윤석열을 거칠게 몰아붙였습니다. 김 여사의 대학원 학점증명서와 학위증명서까지 제출하라면서요.

신인규 민주당은 윤석열을 찬양하고, 자유한국당은 맹비난하는 구도였습니다. 2019년에는 윤석열 대통령이 여러모로 민주주의의 수호자처럼 보이는 분위기였습니다.

공희준 그게 2019년 7월 초 일이었네요. 조국 사태가 일어나기 겨우 며칠 전이었습니다. 제가 곰곰이 견적을 내보니 조국 사태로 시쳇말로 재미를 본 사람은 제1야당 당수 황교안이 아니라 윤석열 총장이었습니다.

신인규 조국 사태는 검찰의 주류가 윤석열 휘하의 특수부 검사들로 거의 완벽하게 교체되는 전환점이 됐습니다.

공희준 문재인 정부의 목표가 대한민국 주류 교체였는데 검찰의 주류만 공안에서 특수로 교체하고 정권도, 검찰 개혁도 허망하게 실패로 끝났습니다.

신인규 김기춘과 황교안의 자리를 윤석열과 한동훈이 대신하는 것으로 귀결됐습니다. 특수부 검찰이 비로소 본격적으로 여의도 정치권력을 탐하게 되는 등 특수부 검찰 전성시대라는 불행한 시대가 도래하게 된 것입니다.

Part 2

개혁보수 유승민의 좌절

개업하자마자 폐업했던 새로운보수당

공희준 중심부 얘기만 너무 많이 한 것 같습니다. 주변부, 즉 변방에 관련된 이야기를 잠깐 해보면 어떨까요? 안철수의 국민의당과 유승민의 바른정당이 합당해 2018년 2월에 탄생된 바른미래당에서 바른정당 계열 인사들이 하나둘씩 탈당하더니 결국에는 유승민 대표까지 바른미래당을 나와 2020년 1월 초에 새로운보수당을 창당했습니다. 그렇지만 새로운보수당은 그로부터 한 달이 조금 지나 자유한국당과 합치는 형식으로 미래통합당에 흡수통합되고 말았습니다. 조국 사태라는 매머드급 이슈에 가려서 저도 이때의 상황이 지금은 기억이 가물가물한데 이후에 전개된 일들을 돌이켜 보면 유승민 신당 실험의 실패는 굉장히 중대한 사건이었습니다. 새로운보수당은 왜 한 달여 만에 문을 닫고 만 걸까요?

신인규 조국 사태로 세상이 한창 시끄럽던 한편에서는 개혁보수를 표방하며 새누리당을 뛰쳐나왔던 인사들이 차례차례 백기를 드는 일이 벌어졌습니다. 유승민 대표와 함께 바른정당을 만들었던 인사들은 우리나라 보수진영 내에서는 드물게 개혁성과 합리성과 상식적인 균형감각을 체득한 사람들이었습니다. 2017년 1월 26일에 공식적으로 닻을 올린 바른정당은 창당 초기 원내 의석이 32석에 달했습니다.

공희준 국민의당이 20대 총선 직후 38석이었는데 거기에 근접한 의석이었습니다.

신인규 김무성 새누리당 전 대표도 참여했고, 반기문 전 유엔사무총장을 영입할지도 모른다는 이야기가 돌았을 만큼 기세가 만만치 않았습니다. 그렇지만 20대 대선이 끝나자마자 하나둘씩 탈당해 자유한국당으로 복당하면서 의원 수가 한 자릿수인 9명까지 줄어들었습니다. 그러자 반전을 도모하는 승부수로 안철수의 국민의당과 합당해 바른미래당을 출범시켰습니다. 하지만 바른미래당의 상황도 좋지 않기는 마찬가지였습니다. 안철수가 당 운영에서 손을 떼면서 손학규 대표 체제가 출범했는데 당의 내홍은 격화일로를 걷기만 했습니다. 이때 이준석과 하태경 두 사람이 손학규 공격에 앞장을 섰습니다.

공희준 그때 생긴 감정의 앙금이 지금껏 이어지고 있습니다.

신인규 그 바른미래당마저 깨지면서 새로운보수당이 나타났습니다. 새로운보수당은 개혁보수의 역사에서 제일 아쉬운 존재로 남았습니다. 새로운보수당에는 8명의 현역 국회의원이 합류했습니다. 개혁신당의 3명보다도 많은 숫자였습니다. 더군다나 유력 대선주자인 유승민 전 의원도 참여했습니다. 그럼에도 한 달여 만에 당의 간판을 내렸습니다. 창당 준비작업 기간까지 포함하면 석 달 정도가 새로운보수당의 실제 활동 기간이었다고 볼 수도 있습니다. 새로운보수당은 개혁보수를 표방하는 인물들이 독자적 세력화를 도모할 수 있는 마지막 좋은 기회였습니다.

공희준 개혁신당이 개혁보수로 분류될 수는 있는데 새로운보수당만큼의 당세는 아직 확보하지 못하고 있습니다.

신인규 정치를 하려면 일정한 세력이 있어야 합니다. 다수의 사람들이 안정적으로 모일 수 있는 근거지가 마련돼야 합니다. 저는 새로운보수당의 스크럼을 유지하며 현재까지 당의 명맥을 이어왔다면 한국 정치가 지금과 같은 거대 양당의 극단적인 진영 대결 정치로 전락하지는 않았을 것이라고 생각합니다. 독자적 세력화에 성공한 개혁보수가 과도하고 소모적인 정치적 갈등을 완화하는 일에서 의미 있는 역할을 해낼 수 있었기 때문입니다.

공희준 새로운보수당이 마땅히 점유하고 있었어야 할 개혁보수의 공간을 윤석열 대통령이 정치에 입문하면서 치고 들어온 것 아닐까요? 정치인으로 변신할 무렵의 윤석열은 대통령이 된 윤석열보다는 많이 왼쪽에 있었습니다.

신인규 윤석열 대통령이 치고 들어왔다기보다는 이준석 대표 체제가 들어서면서 국민의힘이 개혁보수의 공간까지 자연스럽게 접수하게 됐습니다. 이준석 체제 아래에서 개혁보수 색채가 가미된 국민의힘이 윤석열을 대통령으로 만들었다는 게 더 적확한 시각입니다.

공희준 미래통합당의 탄생은 수구보수 황교안과 개혁보수 유승민의 제휴와 연대로 여겨졌습니다. 그런데 유승민의 존재감은 좀처럼 느껴지지 않고, 황교안만 주야장천으로 사람들 눈에 큼지막하게 띄는 양상이었습니다. 유승민계 인사들 몇 사람이 공천을 받기는 했습니다만, 총평을 하자면 유승민이 황교안에게 백기투항한 셈이었습니다.

신인규 유승민 전 의원은 당시 2020년 제21대 총선 불출마를 선언했습니다.

유승민이 미래통합당에 백기투항한 까닭은

공희준 저는 미래통합당의 출현과 관련해 두 가지가 궁금해집니다. 첫째는 현직 대통령 박근혜에게 맞섰던 유승민이 왜 정치 초년생 황교안에게 백기를 들었을까입니다. 둘째는 황교안은 유승민이라는 대어를 낚음으로써 중도로 확장할 수 있는 천재일우의 기후를 놓치고 왜 위성정당 창당이라는 이상한 짓으로 자멸했을까입니다.

신인규 황교안과 유승민 밖에도 주목해야 할 인물이 한 명 더 있습니다. 미래통합당 선거대책위원장 자리를 수락하며 뒤늦게 총선 무대에 등판한 김종인입니다. 보수는 김종인 위원장까지 데려오는 '영끌'을 불사했습니다. 보수로서는 총력전을 펼친 셈이었습니다. 그런 총동원 체제를 구축했음에도 불구하고 21대 총선에서 보수진영은 폭망했습니다. 당시 총선에서 얻은 의석은 가까스로 개헌 저지선인 103석이었습니다.

공희준 역대급 폭망이었습니다. 그 미래통합당의 폭망이 올해는 국민의힘에 의해 재연됐습니다.

신인규 유승민 전 의원이 왜 백기를 들었느냐? 일차적으로는, 바른미래당에 마지막까지 잔류한 8명의 현역 의원들을 자유한국당 쪽으로 빨아들이는 구심력이 굉장히 강하게 작동했습니다. 그들 가운데 대다수는 더불어민주당, 자유한국당, 바른미래당(나중에 민생당으로 개명)에 뒤이은 기호 4번을 달고 출마하면 백 퍼센트 낙선한다고 생각했습니다. 더욱이 큰 집이 아닌 작은 집, 즉 군소 정당 소속으로 떨어지면 선거비 보전도 제대로 받지 못할 수도 있다는 확실한 공포감이 널리 확산돼 있었습니다.

공희준 사실, 당선보다도 선거비 보전 여부가 더 다급하고 현실적인 일일 수 있습니다.

신인규 구성원들의 주류가 원대 복귀를 희망하다 보니 유승민 입장에서는 선택의 여지가 없었습니다. 그래서 저는 유승민이 황교안에게 백기를 들었다기보다는 동지들의 집단적 의지에 굴복했다고 봅니다. 동지들의 절박한 바람과 어려운 형편을 유승민은 매몰차게 외면할 수 없었습니다. 진정한 개혁보수의 세력화를 꿈꿨던 유승민의 이와 같은 깊은 고충을 충분히 헤아릴 필요가 있습니다.

유승민 대표는 2017년 대선을 완주하면서 동지들에게 커다란 정치적 빚을 지게 됐습니다. 그는 총선 국면을 통해 동지들에게 진 부채를 일정 정도 청산했을 수 있습니다. 솔직히 유승민에게 황교안 어디가 예뻤겠습니까? 하지만 자유한국당으로 복귀하지 않으면 출로가 보이지 않는다는 주변의 압박과 아우성 때문에 자신의 소신을 접었을 수밖에 없었을 테지요. 지금 생각하면 너무나 아쉽고 안타까운 상황이었습니다.

공희준 다들 기호 2번의 유혹을 이기지 못했네요.

신인규 그래야 선거비용을 선관위에서 보전받을 수 있으니까요.

공희준 선거비 보전을 받지 못해 극도의 경제적 궁핍에 시달리다가 안타깝게도 극단적 선택을 한 출마자도 있습니다. 선거비 보전 문제를 가볍게 보아 넘길 수 없는 이유입니다.

신인규 현실적으로 피하기 어려운 문제입니다. 2018년 지방선거 당시에 바른미래당의 공천을 받아 자치단체장과 지방의원에 출마한 후보자들 중에서 선거비를 보전받은 사람이 거의 없었습니다. 그와 같은 낭패를 2020년에도 겪을 수 없다는 분위기가 바른미래당에서 뛰쳐나와 새로운보수당을 창당한 인사들 사이에 팽배했던 것으로 생각됩니다.

그러한 불안감이 임계점을 마침내 넘고 말았습니다. 저도 그러한 쓰라린 경험을 올해 총선에서 직접 겪어봤습니다. 저는 민심동행 창당준비위원회를 조직해 선거를 준비했습니다. 2500분 정도가 발기인으로 참여해주셨습니다. 그런데 작은 정당을 만들려니 애환과 고충이 매우 심했습니다. 무엇보다도 선거비를 절반이라도 보전받을 수 있느냐 없느냐가 관건이었습니다. 그때 여러 곳에서 큰 정당에 합류하면 당선 가능성도 높을뿐더러 선거비도 보전받을 수 있을 것이라는 제안 또는 유혹이 많았습니다. 저는 출마를 포기하면 포기했지 거대 정당에 올라탈 수는 없다는 소신을 지키는 방향으로 결국은 제 거취를 정리했습니다. 유승민 바른미래당 대표가 저에게는 일종의 반면교사가 되었기 때문입니다. 유 대표의 아픈 전철을 떠올리며 그야말로 이 악물고 버텼습니다.

공희준 그래도 엄청 힘드셨을 텐데요.

신인규 정말 많이 힘들었습니다. 거대 양당에 눈 꾹 감고 몸만 실으면 몸도 마음도 편하잖아요. 유승민은 저와는 달리 챙겨줘야 할 사람들이 많았기 때문에 더는 버티기가 힘들었을 것으로 짐작이 됩니다. 저는 그게 유승민이 황교안과 결합하는 안타까운 선택을 한 주요한 배경이라고 봐요.

공희준 미래통합당 후보로 선거에 나서지 않은 결정은 유승민의 마지막 자존심 아니었을까요? 몸은 내줄지언정 마음까지 내어줄 수는 없다는 고뇌 어린 결단으로 읽혔습니다. 다른 사람은 몰라도 나만은 그런 식으로 기호 2번 달고 선거 나가는 게 싫다는 결기의 표현으로 해석될 수도 있겠고요.

신인규 저는 황교안이 이끄는 당에서의 유승민의 불출마 선택을 존중합니다. 하지만 긴 안목으로 봤을 때는 새로운보수당의 남은 깃발을 들고 출마했어야 마땅했습니다. 우리나라 보수들 가운데 과연 몇 명이나 그런 유승민의 결단을 높이

인정하고 평가해주겠습니까? 미래통합당에 가서 불출마를 할 바에는 새로운보수당을 끝까지 지켰어야 했다고 봅니다. 홀로 남겨진 유승민의 새로운보수당이 힘들지언정 고난의 행군을 조금만 더 이어갔다면 제가 그로부터 4년 후에 신당을 만드는 일에 착수하지도 않았겠지요.

공희준 새로운보수당에 갔을 거라는 말씀인가요?

신인규 예, 그렇습니다. 저는 새로운보수당이 당의 깃발을 지켰다면 2022년 대선에서 유의미한 캐스팅 보트 역할을 했을 거라고 믿습니다. 2022년에 심상정 정의당 후보가 대선의 승패를 가르는 미세하면서도 중요한 역할을 했잖아요. 유승민이 심상정보다 더 비중이 컸으면 컸지 적었을 리는 없습니다. 특히 중도층에 대한 소구력은 심상정에 견주어 유승민이 압도적이었습니다. 진짜 2년만 버텼으면 됐는데……. 유승민이 그 2년을 버티지 못한 게 보수진영 전체로서는 너무 뼈아픈 대목입니다. 유승민이 떠난 공백을 메우려고 이준석 대표도 나섰고, 저 같은 사람도 나왔지만 새로운보수당의 빈자리를 채우기에는 힘과 영향력이 한참 모자랐습니다.

공희준 유승민이 광야에 남아 있었다면 2022년 대선 구도가 여러 모로 달라졌을 건 분명합니다.

신인규 황교안 대표는 공안검사로 일한 게 사회생활의 거의 전부였습니다. 정무감각이 있을 수가 없었습니다. 그러므로 나경원 원내대표와 보수의 투톱이 된 황교안 대표가 위성정당인 미래한국당 창당까지 포함해 연이은 악수를 두다가 21대 총선을 말아먹은 것은 필연적 사태였습니다. 광야에서 끝까지 새로운 보수의 가치와 개혁보수의 깃발을 남겨 놓았더라면 한국 정치가 더욱 역동적으로 변화할 수 있었으리라는 점은 두고두고 아쉬움으로 남습니다.

황교안과 한동훈을 비교하면

공희준 황교안도 선거 처음 나온 사람이었습니다.

신인규 한동훈처럼 당대표로 총선 진두지휘한 게 생전 처음으로 치러본 공직 선거였습니다.

공희준 저는 황교안이 한동훈과 달리 지역구 선거에 직접 출마한 일은 높이 사줄 만하다고 생각합니다. 당시 황교안이 여러 개의 지역구에서 출마 가능성을 타진했는데 흥미로운 지점이 있었습니다. 황 대표 쪽은 험지에 출마한다고 주장했는데 그 험지들이 하나같이 대형 개신교회가 자리하고 있는 곳이었습니다. 겉으로는 험지순례였지만 알고 보면 성지순

례였어요.

신인규 정치 문외한이다 보니 당장 믿고 의지할 곳은 교회밖에 없었겠지요. 올해 22대 총선 참패를 둘러싸고 여권에서는 윤석열 책임이 큰지, 한동훈 책임이 큰지 현재까지도 논란이 분분합니다. 그 탓에 총선백서의 발간과 공개가 지연돼왔습니다. 그러나 21대 총선이 한 가지는 투명합니다. 황교안 대표가 총선 참패에 전적으로 책임을 져야 한다는 점이었습니다. 나경원 원내대표와의 공동책임 운운하는 것이 의미가 없을 정도였어요.

공희준 코로나 19 바이러스는 불가항력적 요소라 저희가 달리 분석할 필요는 없을 것 같습니다. 어느 정당이 정권을 잡았어도 집권 여당에 유리하게 작용했을 테니까요. 그래도 미래통합당이 덜 질 수 있는 방법은 분명 있지 않았을까요?

신인규 황교안에게 새로운보수당은 넝쿨째 굴러들어온 호박이었습니다. 산토끼를 잡을 수 있게끔 중도 확장에 나설 호기였습니다.

공희준 유승민은 월척 중 월척이니까요. 유승민 활용법에 관련해

선 황교안이 한동훈보단 그나마 나았습니다. 유승민이 가진 가치의 필요성에는 눈을 떴으니까요.

신인규 문제는 눈만 뜨고 끝났다는 점입니다. 황교안이 유승민을 전면에 내세운 다음에 이 악물고 중도로 나갔다면 박근혜 한나라당 비대위원장이 2004년 17대 총선에서 수확한 성과 정도는 거둘 수 있었습니다. 박근혜는 노무현 대통령 탄핵에 대한 역풍을 이겨내며 121석을 얻는 저력을 발휘했습니다. 개헌 저지선을 확보하는 데 여유 있게 성공했습니다.

공희준 100석도 안 될 거라는 애당초 전망을 무색하게 만들며 박근혜가 '선거의 여왕'이라는 칭호를 얻었습니다.

신인규 황교안 대표도 120석 안팎의 의석을 획득할 수 있는 여건에 있었습니다.

공희준 황교안 대표도 나름 최선을 다했습니다. 차명진 전 의원 같은 막말 후보자들을 즉각 제명했거든요. 그럼에도 내려갈 팀은 내려가듯이, 안 될 사람은 안 되더라고요.

신인규 코로나 위기는 어떻게 활용하느냐에 따라서 야당에 꼭 불리한 현안만은 아니었습니다. 문재인 정부의 지나친 통제와 단속 위주의 방역 조치에 대한 반감과 거부감이 자영업자들을 중심으로 확산되면서 정권 심판 여론이 물밑에서는 고개를 서서히 들고 있었습니다. 황교안 대표는 이걸 전혀 활용하지 못한 채 선거를 완전히 그르치고 말았습니다. 여당 심판 선거가 야당 심판 선거로 분위기가 급변한 때문이었습니다. 그 결과 위성정당인 미래한국당까지 합쳐서 미래통합당은 103석이라는 초라한 성적표를 손에 쥐고 말았습니다.

Part 3

김종인의 귀환과
보수판 '서울의 봄'

장제원마저
침묵시킨
김종인의 카리스마

공희준 이걸로 황교안 대표의 정치생명은 사실상 끝났습니다. 황 대표는 그 후 부정선거라는 정치적 안드로메다로 영영 가 버리고 말았습니다. 나쁜 사람에서 이상한 사람이 됐어요. Y에서 '부즈엉'으로 닉네임도 바뀌었고요. 그래도 2020년 의 국회의원 총선거에서 보수가 한 가지 성과물은 손에 넣 었습니다. 비로소 변화와 혁신을 진지한 자세로 모색하기 시작했다는 점입니다. 그 첫걸음으로 2020년 5월에 김종 인 전 더불어민주당 비상대책위원회 대표가 이번에는 진영 을 완전히 바꿔서 미래통합당의 비상대책위원회 위원장에 취임하게 됩니다. 김 위원장은 미래통합당 선대위원장직을 너무 늦게 맡는 바람에 제대로 이행에 옮기지 못했던 보수

정당 개혁을 이때부터 본격적으로 추진하게 됩니다. 김종인에게 통합당 비대위원장직을 최초로 제안했던 게 누구였나요?

신인규 저는 심재철 전 원내대표가 제안했던 것으로 기억하고 있습니다. 황교안 대표는 투표일 당일 밤에 당대표직을 사퇴했고, 나경원 원내대표도 이수진 민주당 후보에게 지역구에서 불의의 일격을 당했기 때문에 당 지도부가 한동안 공백상태였습니다. 103석이면 개헌 저지선을 간신히 넘긴 궤멸적 참패이니 기존 지도부가 계속 자리를 유지할 이유도 명분도 없었습니다. 패배의 충격이 원체 컸던 탓에 영남의 보수 기득권 정치인들조차 이대로는 당의 존립마저 위태롭다며 김종인 비대위 카드에 마지못해 동조했습니다. 2020년 총선은 2022년 대선의 예고편 같은 성격을 띠었습니다. 2년 후 대선에서 또 질 수도 있겠다는 심각한 위기의식에 직면한 미래통합당 구성원들은 이건희 전 삼성그룹 회장이 1993년 6월 독일 프랑크푸르트에 계열사 주요 임직원들을 모아놓고 일갈했던 바대로 마누라와 자식 빼고 다 바꿔야 하는 처지로 내몰렸습니다.

공희준 저 악명 높고 뿌리 깊은 영남 구태들까지 변화를 위한 몸부림을 시도할 정도면 후천개벽에 버금갈 사태입니다.

신인규 그로부터 2년도 안 되어 치러질 대선을 염두에 둘 수밖에 없었기 때문입니다. 더욱이 박원순 서울시장과 오거돈 부산시장의 동시 낙마라는 경천동지할 돌발 상황이 일어날 줄은 꿈에도 몰랐고요. 따라서 2020년 총선 이후 보수정치 세력 안에서 일어난 중대한 변동사항들을 면밀하게 복기하지 않으면 2021년 재보선과 2022년의 대선과 지방선거를 정확하게 이해하기 어렵습니다. 총선 대패 후 차기 대선까지 절망적인 상황이 돼버린 보수는 김종인이라는 극약처방을 달게 받을 수밖에 없었습니다. 선택의 여지가 없었던 것이죠.

공희준 김종인 미래통합당 비상대책위원회에 비대위원 자격으로 참여했던 사람들 가운데 우리가 현재 시점을 기준으로 주목해야 할 인물들은 누구일까요?

신인규 이번에 도봉구에서 당선된 김재섭 의원과 광진구에서 낙선한 김병민 현 서울시 정무부시장 같은 사람들입니다. 이준석 개혁신당 의원은 김종인 위원장의 미래통합당 비대위에는 승선하지 않았습니다.

공희준 저는 김종인 비대위가 했던 가장 중요한 일들 중 하나가 2020년 9월에 미래통합당의 당명을 국민의힘으로 변경한 것이었다고 생각합니다. 이준석 대표가 국민의힘의 핵심적 플레이어로 부상한 게 이 무렵이었나요?

신인규 이준석이 국민의힘의 최고 스타로 떠오른 시점은 그로부터 몇 달 뒤였습니다. 2021년 초 서울시장 보궐선거 분위기가 본격적으로 달아오를 무렵이었습니다. 좀 더 구체적으로는 오세훈 서울시장 후보 캠프에 뉴미디어 본부장이라는 직함으로 동참한 때부터였습니다. 오세훈 시장 만들기의 일등공신으로 활약하면서 이준석 이름 석 자가 전국적 성과를 얻기 시작했습니다. 물론 갑자기 나타난 것은 아니고 보수의 미래로 규정된 상황에서 오랜 시간 방송활동을 통해 본인의 인지도를 쌓은 것이 누적되어 빛을 보게 된 것이라 생각합니다.

김종인 비대위는 김종인 원톱 성격이 짙었습니다. 김종인 영입을 찬성 내지 묵인했던 당의 주류 세력은 김종인이 비대위원장으로 막상 전권을 휘두르자 공공연한 견제와 흔들기에 나섰습니다. 익숙했던 풍경인 당내 주도권 다툼이 당연히 재점화됐습니다. 그때 진기했던 장면이 있습니다. 장제원 부류의 권력 해바라기들마저 김종인에게 줄을 선 풍경이었습니다.

공희준 '짜르'에게 항거하면 짜르니까요. 국민의힘으로 당명이 개정되면서 당의 정강·정책도 대폭 바뀌며 대대적인 좌클릭이 일어났습니다. 김종인 주도의 좌선회를 어떻게 평가하시나요?

신인규 황교안 대표는 총선 참패 이후 탄핵 무효와 부정선거의 대안적 진실의 세계로 도피하며 보수정치의 중심권에서 멀찍이 밀려났습니다. 황교안의 탈락과 더불어 당내의 극단적인 강경보수들도 자연스럽게 떨어져 나갔습니다. 김종인 위원장이 다 죽어가던 보수를 기사회생시킨 건 그 누구도 부인하지 못할 사실입니다. 그 공로를 우리 모두 인정해야 합니다.

공희준 김종인 위원장으로서는 어디를 가든 평생 자랑할 업적이었습니다.

신인규 하지만 그 최종적 결과치로 산출된 게 무언가요? 다름 아닌 현재의 윤석열 정권입니다. 김종인은 윤석열과 관련해 '별의 순간'을 빈번하게 언급하며 그를 크게 추켜세웠습니다. 김종인 위원장이 다 죽어가던 보수를 살린 건 맞습니다. 그런데 보수를 살린 결과로 윤석열 정권이 등장하며 나라에는 망조가 들었습니다. 선한 의도가 선한 결과를 만들지 못한다는 점을 확인시켜준 것입니다. 보수의 부활이 국가적 악재로 작동한 모순적 현실입니다.

공희준 약 주고 병 준 셈이네요.

신인규 김종인이라는 탁월한 권력기술자가 보수세력을 소생시켰습니다. 하지만 그 대가로 정치 전체를 후퇴시켰습니다. 이게 김종인 위원장에 대한 저의 총평이라고 말씀드리고 싶습니다. 김종인은 현행 헌법 제119조 2항의 경제민주화와 동일시되어온 분입니다. 노태우 정부에서는 보건복지부 장관과 청와대 경제수석비서관을 차례로 역임했습니다. 그러면서도 진영을 넘나들며 비례대표 국회의원으로만 5선 고지에 올랐습니다. 경제민주화는 그의 평생 신념이자 자랑거리였습니다. 박근혜 전 대통령에게 토사구팽을 당한 다음 10년을 절치부심한 끝에 보수 정당에 복귀해 당 노선의 좌클릭을 마침내 실현했습니다. 김종인 체제에서 보수 정당의 중도 확장은 문재인 정부의 교조적 진보주의와 확연한 대비를 이루며 국민들에게 신선한 충격을 안겨주면서 보수에게 다시 정권을 맡겨보자는 여론을 조성하기에 이르렀습니다.

김종인이 만들어낸 윤석열의 '별의 순간'

공희준 황교안의 미래통합당이 김종인의 국민의힘으로 체제 전환이 진행되는 도중인 2020년 7월에 박원순 서울시장이 스스로 목숨을 끊었습니다. 박원순의 돌연한 죽음은 그 누구도 예상하지 못했던 충격적 사건이었습니다.

신인규 박 시장의 갑작스러운 죽음은, 안희정 충남지사가 그를 수행하던 여비서와 관련된 불미스러운 일로 낙마한 사건보다 훨씬 더 놀라운 일이었습니다.

공희준 안희정 낙마로 정치 지형이 바뀌지는 않았습니다. 반면, 박 시장의 비극적 퇴장은 한국 정치에 일대 지각변동을 가져왔습니다. 무엇보다도 레임덕 징후를 드러내던 문재인 정권 중반기에 서울시장 보궐선거라는 대선급의 거대한 정치 이벤트를 결과적으로 만들어냈기 때문입니다.

신인규 세상을 떠난 분에 대해 시시콜콜히 얘기하는 게 별로 바람직한 일은 아닌 것 같습니다. 그렇지만 박원순 시장이 극단적 선택을 하지 않고 사법적 과정을 견뎌내며 2022년 6월 말까지 주어진 자치단체장 임기를 전부 채웠다면 2022년의 대선 풍경은 우리가 현재 알고 있는 그림과는 확 달라졌을 듯합니다. 역사에 가정은 없지만 굳이 가정을 해보자면 그렇다는 말씀입니다.

공희준 오거돈 시장의 여직원 성추행에 따른 부산시장 보궐선거만 치러졌다면 2021년 4월 7일의 재보궐선거가 정치학계에서 말하는 '중대 선거(Critical Election)'는 되지 않았을 것 같습니다. 그런데 공교롭게도 재보궐선거를 한 달여 남긴 시점인 2021년 3월 4일에 윤석열 검찰총장이 전격적으로 사의를 표명했습니다. 대선 1년을 앞둔 현실정치의 무대에 본격적으로 뛰어들겠다는 의사 표시였습니다. 이즈음 윤석열의 검찰총장 사퇴와 정치권 입문을 앞장서서 적극적으로 독려한 사람이 바로 김종인 위원장이었습니다.

신인규 김종인이 윤석열을 제일 열심히 띄웠다고 말해도 과언이 아니었습니다. '별의 순간'이라는 표현이 널리 대중화되는 계기였습니다. 윤석열 정치의 시작은 김종인의 입에서 시작되었다고 해도 틀리지 않습니다.

공희준 그래서 저는 '별의 순간'을 놓치면 '벌의 순간'이 온다고 살짝 비틀었습니다. 기회를 살리지 못하면 항상 위기가 닥치니까요.

신인규 그 '별의 순간' 때문에 지금은 국민들 눈에 낮에도 거의 매일 별이 보이고 있습니다. 하루하루가 충격적 사태의 연속입니다. 윤석열의 맛을 보고 있는 것입니다. 정치 사망을 초래한 검찰정치의 민낯이 윤석열 정치의 본질이라는 것을 국민들이 뒤늦게 알게 된 점은 정치인의 행동과 선택 그리고 발언이 얼마나 무거워야 하는지를 그대로 보여준다고 하겠습니다.

공희준 보수는 새로운보수당이 나타났다 사라진 2020년 1월과 2월 두 달은 매우 둔중하고 어리바리하게 움직였습니다. 반대로, 2021년 연초는 저 사람들이 그 사람들이 맞나 의심스러울 지경으로 굉장히 민첩하고 영리하게 행동했습니다. 불과 1년 사이에 체질과 의식이 완전히 바뀌었어요. 혹은 바뀐 것처럼 보였어요. 느려빠진 공룡이 1년 만에 잽싼 날다람쥐가 됐거든요. 도대체 대한민국 보수세력에게 무슨 일이 일어났던 건가요?

신인규 김종인의 영향력이 컸기 때문에 가능한 변화였습니다. 보수정치의 역사에서 분수령을 이뤘던 그 1년은 김종인 비대위의 활동 기간과 거의 일치했습니다. 그 1년 동안 두 개의 전선에서 중요한 쟁투가 진행됐습니다. 먼저 야권에서는 김종인과 영남 기득권의 싸움이 벌어졌습니다. 여권에서는 추미애 법무부 장관과 윤석열 검찰총장의 갈등이 빚어졌습니다. 여의도와 서초동에서 두 개의 전쟁이 동시에 있었던 셈입니다.

공희준 추윤 갈등은 자기 파괴적인 싸움이었습니다. 그러나 김종인과 영남 구태들 간의 투쟁은 보수의 기초체력을 강화하는 생산적 다툼이었습니다.

신인규 김종인이 영남 구태들을 확실하게 제압하면서 국민의힘은 적진에 있던 윤석열 검찰총장을 받아들일 수 있는 몸을 만들 수가 있었습니다.

공희준 2020년의 보수는 조국 사태의 곁불을 쐴 수준조차 되지 못했습니다. 그러나 2021년의 보수는 추윤 갈등의 어부지리를 챙길 수 있는 단계까지 체질 개선을 이뤄냈습니다.

안철수 대세론,
김종인-이준석의 협공에
무너지다

신인규 김종인 비대위는 중요한 두 가지 역할을 해냈습니다. 첫째로 당명을 변경해 이미지 세탁에 성공했습니다. 둘째로 우리나라에서는 좌파의 전유물처럼 여겨졌던 '기본소득'을 새로운 정강·정책의 앞자리에 올려놓을 정도로 과감한 좌클릭을 시도했습니다. 보수는 이러한 움직임 덕분에 기본소득 정책에 대한 배타적 점유권을 이재명으로부터 일정하게 빼앗아왔습니다. 국민의힘이 새로 내놓을 정책을 민주당 지지자들조차 호기심과 궁금증을 이기지 못해 들여다볼 정도로 김종인은 당의 이념적 스펙트럼을 확 넓혀놨습니다. 그는 윤석열이 그냥 몸만 달랑 와도 될 지경으로 당을 완전히 리모델링했습니다. 이러한 노선상의 변화와 함께 언론의 관심과 여론의 이목을 확 잡아끄는 파격적 이벤트를 연출했습니다. 2020년 8월 19일에 광주의 5·18 민주묘지를 찾아 무릎을 꿇고 참회와 사과를 한 일입니다.

공희준 저는 김종인 위원장의 무릎 꿇은 사진을 보고서 빌리 브란트 전 서독 총리가 1970년 12월에 폴란드 바르샤바의 유대인 위령탑을 찾아 헌화한 다음 갑자기 무릎을 꿇었던 유명한 일이 자연스레 연상됐습니다. 김 위원장이 독일 유학생 출신이라 그 장면을 벤치마킹했을지도 모르겠습니다.

신인규 빌리 브란트의 감동적 사죄를 시간과 공간을 달리해 재연했다고 봐야죠. 이는 호남과의 적극적 동행을 위한 상징적 행동이었습니다. 당명 개정, 과감한 좌클릭, 호남과의 동행 이 세 가지로 낡고 차갑고 경직된 보수의 이미지를 일신하는 데 완벽하게 성공했습니다. 이제 과거 자유한국당 스타일의 강경극우 보수노선은 국민의힘에서 찾아볼 수 없을 것만 같은 그런 느낌을 줬습니다.

공희준 이를 모두 묶어서 '서진 정책'으로 표현할 수 있겠습니다.

신인규 저는 '서진 정책'이라는 표현은 썩 좋게 들리지를 않습니다.

호남 민심의 거부감을 살 수가 있거든요. 그보다는 '호남동행'이라고 말하는 게 반감을 덜 유발하는 표현입니다. 김종인은 그 '호남동행론'을 더 적극적으로 펼쳤습니다. 보수는 5·18에 대한 습관성 막말로 호남인들의 가슴에 대못을 박아왔습니다. 김진태 강원지사는 광주민주화운동에 북한군이 개입했다는 가짜 뉴스를 퍼뜨린 지만원을 존경한다고 했습니다. 김순례 전 의원은 5·18 유공자들을 괴물 집단으로 폄훼했습니다. 이종명 전 의원은 광주항쟁을 아예 폭동이라고 대놓고 매도했습니다. 자유한국당 시절의 국민의힘은 광주민주화운동과 관련해선 전두환의 하나회를 방불케 하는 집단이었습니다. 도저히 개선이 불가능할 것으로 여겨질 만큼 전 국민적 지탄을 받을 정도였으니까요.

공희준 그 사람들은 대책이 없습니다. 구제불능입니다.

신인규 그 답 없는 사람들을 김종인 비대위 체제가 나름 정리를 했습니다. 보수의 이미지가 신선해지고 좋아질 수밖에 없었습니다. 김종인 위원장의 활약상은 두 번째 서울시장 보궐선거 정국에서 정점을 찍었습니다. 오세훈 후보의 호위무사 역할을 완벽하게 수행했기 때문입니다. 당시 영남 구태들이 거의 죄다 안철수 쪽으로 몰려갔거든요.

공희준 제가 거기에 대해서는 좀 정통합니다. 제가 그 무렵 안철수 국민의당 대표에게 멀찍이서 간접적으로 조언하는 일을 했거든요. 직접 철수 형을 도왔던 건 당연히 아니고요. 안철수의 고질적인 내구력의 한계가 결국은 문제였겠지만, 김종인은 어쨌든 안철수를 단일화 트랙에 끌어들였습니다.

신인규 오세훈으로 최종적으로 후보 단일화가 됐지요. 보궐선거 국면 초기에만 해도 오세훈 시장은 인터넷 유행어로 '쩌리' 후보자였습니다. 선거 초기 단계에서는 안철수와 견주어 여론조사 지지율이 턱없이 낮았습니다. 무상급식 주민투표와 관련해 서울시장직을 중도에 어이없이 내던지고 10년 세월을 야인으로 지낸 후과였습니다. 2020년 21대 총선에서 광진구에 출마했다가 더불어민주당 고민정 후보에게 패하면서 그의 정치생명에 사실상 종지부가 찍혔다고 논평하는 평론가들이 많았습니다. 그럼에도 김종인 위원장은 안철수 서울시장 대세론에 편승한 영남 구태들에 맞서서 국민의힘을 지키겠다며 오세훈을 사력을 다해 띄웠습니다. 국민의힘이 서울시장 보궐선거에 후보를 내지 말아야 한다고 주장한 건 영남 기득권 정치인들뿐만이 아니었습니다. 이명박 전 대통령의 복심으로 통해온 이재오 전 의원은 국민의힘 예비후보들의 역량이 부족하다는 말을 서슴없이 해대며 자당의 동지들을 깎아내리기 바빴습니다. 사실상 자당의 후보보다 외부의 안철수 후보를 지지하고 응원했던 것입니다. 기회주의적 밀정의 DNA가 다시 또 솟아난 결과였습니다.

공희준 장제원 또한 서울시장 후보를 내지 말자고 목소리를 높였습니다. 그러면서 안철수와 밀착했는데, 저는 국민의당 관계자들에게 안 대표가 왜 장제원 같은 사람과 어울리는지 모르겠다고 지속적으로 문제를 제기했습니다. 물론 철수 형에게 씨알도 먹히지 않았지만요. 장제원이 선도한 '안철수 추대론'에 단단히 도취한 분위기였습니다.

신인규 김종인과 이준석을 싫어한다는 데서 안철수와 장제원의 코드가 완벽히 일치했을 겁니다.

공희준 2020년 겨울과 2021년 봄에 가장 정치적으로 화산 활동이 활발했던 단층이 김종인과 이준석 콤비 대 안철수를 가르는 균열이었습니다. 분화구로부터 거의 매일 용암이 분출했어요. 왜냐? 김종인과 이준석 두 사람이 안철수를 쉴 새 없이 저격하고 디스했기 때문입니다. 쉬지 않고 흠집을 내더라고요.

신인규 이준석 의원은 수위를 넘는 조롱까지 불사하며 안철수를 공격했습니다.

공희준 어떤 양상이었냐면 김종인 위원장이 국민의힘을 출입하는 정치부 기자들 모아놓고 규칙적으로 거포를 발사한다면, 이준석 의원은 각종 유튜브 방송에 출연해 시도 때도 없이 소총탄을 쏟아댔습니다. 김종인의 정규전과 이준석의 비정규전에 교대로 걸려든 안철수 입장에서는 정말 죽을 맛이었을 거예요.

신인규 김종인 위원장은 안철수 의원을 향해 정신이 이상한 사람이라는 극언까지 마다하지 않았습니다.

공희준 철수 형이 그전에 김종인 위원장 배우자를 비난했거든요. 김종인이라는 모루와 이준석이라는 망치 사이에 끼여 허구한 날 얻어맞으면 솔직히 누구라도 정신이 이상해질 수밖에 없습니다. 김종인과 이준석의 합동 화력이 보통이 아니거든요.

신인규 김종인 위원장이 그렇게 악역을 자임한 덕에 오세훈을 위한 길과 이준석을 위한 공간이 차례로 열릴 수 있었습니다.

공희준 안철수가 또다시 철수하면서 오세훈으로 야권 서울시장 후보가 단일화되며 김종인의 완벽한 승리로 끝이 났습니다. 야권의 서울시장 후보를 결정하는 치킨 게임에서 패배하면서 안철수는 유력 대선주자 대열에서 탈락하고 말았습니다. 그 후로는 그저 그런 군소 약체 후보의 하나일 뿐이었습니다.

신인규 김종인과 이준석의 화학적 결합이 완성되면서 오세훈으로 후보 단일화도 이뤄질 수 있었습니다. 김종인과 이준석 두 사람이 오세훈을 서울시장 후보로 옹립한 것과 마찬가지였습니다. 오세훈이 자력으로 안철수를 후보 단일화 국면에서 이겼다고 생각하긴 어렵습니다.

공희준 김종인, 오세훈, 이준석 3인의 결합을 노장청 통합의 완성이라고 야당에서는 자평했습니다. 저는 선거 전략가로서 이준석 의원의 간판 브랜드이자 대표 상품이 된 '세대포위론'의 큰 틀이 이때 완성됐다고 봅니다. 그 맹아가 안철수를 주저앉히는 과정에서 포착됐거든요.

신인규 김오이, 즉 김종인-오세훈-이준석 연대가 2021년 서울시장 보궐선거 초반을 풍미했던 안철수 대세론을 마침내 무너뜨렸습니다. 보수의 변화와 상징을 나타내는 이미지를 만들어내는 데까지는 어느 정도 성공을 거둔 것입니다.

공희준 첫 번째 서울시장 보궐선거가 열렸던 2011년 10월, 안철수 당시 서울대 융합과학기술대학원장은 미국 흑인 인권운동의 상징적 인물인 로자 파크스를 언급하며 야권연합 후보인 박원순을 지지했습니다. 그는 이에 앞서서 한나라당의 확장성을 반대한다는 발언으로 야당의 손을 이미 들어준 상태였습니다. 그로부터 만으로 거의 10년이 지나 두 번째 서울시장 보궐선거가 치러진 2021년 4월, 윤석열 전 검찰총장이 수많은 취재기자들이 모여든 가운데 침묵의 사전투표를 하는 형식으로 야권연합 후보인 오세훈에 대한 암묵적 지지 의사를 표명했습니다. 이때 많은 사람들이 역사는 등장인물의 면면만 살짝 바꿔가면서 반복된다는 얘기를 했습니다. 안철수가 중도에 드롭하는 것도 똑같았고, 야당이 대승하는 것도 똑같았습니다. 오세훈의 서울시장 사퇴를 발단으로 시작해 오세훈이 서울시장직에 복귀하는 결말로 마무리되는 러닝 타임 장장 10년짜리 대하 희비극이었습니다.

신인규 안철수는 2011년에는 후보직을 양보하는 기상천외한 방식으로 진보의 박원순을 밀어줬습니다. 그 안철수가 2021년에는 윤석열처럼 진영을 바꿔서 보수의 오세훈을 밀어주며 박영선을 낙선시켰습니다.

공희준 박영선 전 중소벤처기업부 장관도 두 번 연속으로 출연했습니다. 박영선은 2011년에는 안철수의 힘을 빌린 박원순에게 야권 단일 후보를 결정하는 경선에서 패배했습니다. 그래도 2021년 서울시장 보궐선거에서는 2011년과는 달리 자기 얼굴 사진이 들어간 공식 선거 벽보들을 서울 시내의 길거리 담벼락에 수없이 붙여봤으니 여한은 덜했을 듯합니다. 안철수 의원은 10년 전에는 자신과 같은 편이었던 민주당과 서울시장 자리를 놓고서 경쟁한 셈이었는데, 역시나 또다시 후보로 나가지조차 못했습니다. 안철수는 2011년에는 자의로 후보를 양보했지만, 2021년에는 타의에 의해 후보를 양보당한 모양새였습니다. 그래도 안철수 의원은 2018년 서울시장 선거에는 바른미래당 후보로 출마는 했었습니다. 2017년 대선처럼 3등에 머물렀지만요. 박원순이 1위, 김문수가 2위였죠.

저는 안철수가 2021년에 단일화의 수렁에 빠지면 무조건 아웃된다고 판단했었습니다. 그래서 국민의당에 있는 지인들에게 단일화의 '단' 자도 입에 올리지 말고 운전대 꽉 잡고서 무조건 직진하면 오세훈 측에서 먼저 핸들 꺾을 거라고 귀띔했는데 안 되더라고요. 철수 형이 간 보기 종목에서는 최강자일 테지만, 치킨 게임 분야에서는 역시나 백전백패였어요. 안철수가 깡이 없습니다. 김태희 남편 비가 노래했던 그 깡이.

신인규 안철수 의원은 깡도 없지만 꿈도 없다고 저는 봅니다. 그러니 한 번은 박원순을 위한 밑알이, 또 한 번은 오세훈을 위한 밑거름이 됐지요. 안철수의 한계가 너무 뚜렷했습니다.

공희준 한 번 불쏘시개는 영원한 불쏘시개더라고요. 불쏘시개 노릇에 머물기는 했을지언정 철수 형이 한국 정치를 10년 동안 들었다 놨다 한 점만은 확실히 인정해줘야 합니다.

신인규 들었다 놨다 하기도 했지만 동시에 후퇴시키기도 했습니다. 저는 후퇴를 시켰다는 쪽으로 안철수에 대한 역사적 평가의 추가 기울 것으로 전망하고 있습니다. 2021년 보궐선거에서 안철수를 좌절시키는 데 혁혁한 공로를 세운 김종인과 이준석에게는 공통점이 있습니다. 박근혜에 의해 크게 쓰임을 당했다는 사실입니다. 박근혜가 발탁했다고 해도 지나친 표현은 아닐 거예요. 김종인 위원장이 뿌리는 보수에 있으나 그는 새천년민주당에서도 국회의원을 했습니다. 민주당 사람으로 볼 수도 있는 인물입니다. 진영을 몇 번이나 오락가락 넘나들었거든요.

공희준 김종인 위원장은 진영을 초월하는 것을 넘어 아예 능가한 경우입니다.

신인규 이언주 의원도 진영을 넘나들기는 매한가지지만 김종인에 비교하면 이언주 의원은 야성에 이끌려 진영을 바꾼 셈이고요. 진영을 넘나들며 비례대표 국회의원을 5번씩이나 한 분은 김종인 위원장이 전무후무할 것으로 생각합니다. 그다지 좋은 선례는 아니라고 봅니다.

공희준 김종인 위원장이 과거 이언주 의원의 후원회장으로 활동했습니다. 진영을 능가하는 초인적 내공을 이 의원이 무의식중에 김 위원장으로부터 전수받았을 수 있겠네요.

신인규 이언주 의원은 소속 정당을 바꾼 일 때문에 많은 비판을 받았습니다. 김종인 위원장은 그러한 잦은 진영 변경을 이언주의 곱절로 했습니다.

공희준 똑같이 넘나들어도 김종인은 구름 타고 하늘을 자유롭게 훨훨 날아다니는 신선 대접을 받고 있습니다. 저 같은 범인들이 감히 범접하기 어려운 경지입니다.

신인규 김종인 위원장은 박근혜 새누리당 비대위원장 덕분에 보수 정당으로 부드럽게 연착륙해 복귀할 수 있었습니다. 이준석 개혁신당 의원은 경제민주화의 김종인과 함께 박근혜 비대위가 배출한 스타였습니다.

공희준 이준석은 당시 기성 정치권에 혜성처럼 나타난 앙팡 테리블로 엄청난 각광을 받았습니다. 김종인과 이준석은 때로는 사제 관계처럼, 때로는 세트 메뉴같이 박근혜 비대위를 주름잡았습니다. 두 사람의 화려한 콜라보가 9년 만인 2021년 봄에 화려하게 부활했습니다.

그 화사하게 부활한 콜라보의 최초 희생자가 하필이면 안철수 의원이었습니다. 불쌍한 건지 불운한 건지, 지못미 철수 형이었습니다. 이준석 의원이 안철수 의원과 비교해 확실하고 압도적인 비교우위를 점유한 지점이 한 군데 있습니다. 안철수는 언론이 김종인을 자신의 멘토로 지목하자 "300명 중 한 명"이라는 식으로 김종인의 역할과 가치를 단박에 깎아내렸습니다. 이준석은 김종인이 본인의 멘토임을 주저하지 않고 인정했습니다. 사나이는 자기를 알아주는 사람을 위해 목숨을 바친다고 했습니다. 김종인 위원장이 안철수에게는 한없이 몰인정하고, 이준석에게는 무한히 관대한 이유가 이 한 가지 장면으로 설명이 됩니다. 이준석은 뭔가 계속 확장해나가는 느낌을 줍니다. 반면, 안철수는 사람과의 관계에서는 척화비 세우며 쇄국정책을 고집한 흥선대원군 인상을 10년 넘게 주고 있습니다.

신인규 정치인 안철수가 고독할 수밖에 없는 까닭입니다. 곁에 사람이 없잖아요. 서울시장 보궐선거에서는 오세훈이 18퍼센트 포인트의 득표 차이로 승리합니다. 일방적 완승이었습니다. 이준석의 공훈과 기여를 누구도 부정할 수 없는 선거였습니다. 이준석 때문에 이겼다고 봐야죠. 보수가 변화를 위한 첫발을 뗀 선거라고 봅니다.

이준석의 부상과 '세대포위론'의 등장

공희준 신인규 민심동행 위원장님께서도 4·7 보궐선거에 참전하지 않으셨나요?

신인규 저도 당시에 오세훈 후보를 도왔습니다. 저는 그때 2030 세대가 중심이 된 지역별 유세 활동을 주로 했습니다. 이준석은 문재인 정부와 더불어민주당이 방기하다시피 했던 청년 세대를 정치의 전면에 등장시키는 일을 보궐선거 공간을 활용해 이끌어갔습니다. 당선증은 후보자인 오세훈이 받았지만, 승리는 김종인과 이준석이 만들어낸 선거였습니다. 그런데 김종인 위원장은 선거가 끝난 것과 거의 동시에 다시금 홀연히 당을 떠났습니다. 대신에 이준석은 석 달 후에 치러질 전당대회에서 당대표가 될 수 있는 정치적 자산과 명분을, 민주당에 내줬던 서울시장과 부산시장을 되찾아옴으로써 확실하게 축적했습니다. 보수 내부에서 그 공을 인정받은 것이지요.

공희준 2021년 재보궐선거는 이대남으로 불리는 우리 사회의 인구층이 정치적 시민권을 본격적으로 획득하는 계기가 되었습니다. 그런 측면에서 어쩌면 정치학자들이 말하는 정초선거(foundation election)였을 수도 있습니다. 젊은 남성들을 선거 승패의 열쇠를 쥔 핵심적 플레이어로 등장시켜 기존의 선거 지형을 완전히 새로운 풍경으로 바꾼 선거였기 때문입니다. 이준석이 한국 정치의 태풍의 눈으로 떠오름과 아울러 '이대남 담론'이 봇물 터지듯 백화제방 격으로 쏟아졌습니다. 그와 함께 펨코(www.fmkorea.com)라는 특정 인터넷 커뮤니티가 진보의 팟캐스트와 보수의 유튜브에 버금갈 온라인상의 주요한 정치적 콘텐츠의 생산지로 주목받기 시작했습니다.

신인규 이 논의는 이준석 의원을 중심에 두고서 이뤄질 수밖에 없습니다. 보수를 말아먹은 두 가지 주장이 있습니다. 하나는 21대 총선 부정선거 주장이고, 또 하나는 그 이전의 박근혜 전 대통령 탄핵 무효 주장입니다. 탄핵 무효와 부정선거는 보수의 선거 승리에 해가 되면 되었지 도움이 되지 않았습니다. 그와 달리 이준석의 약진과 함께 수면 위로 부상한 젠더 갈등 프레임은 2030 남성들이 4·7 보궐선거 국면에서 정치적으로 결집할 동력과 기반을 제공했습니다. 젊은 세대가 이제껏 느껴보지 못했던 정치에 대한 효능감을 이준석이 앞장서서 일깨워줬다고 보면 될 것 같습니다. 어찌 보면 '이준석' 현상을 만들어냈다고 말해도 과언은 아닐 것입니다. 2011년 '안철수' 현상에 이어 10년 만에 '이준석' 현상을 만든 셈인데 특정 정치인의 이름에 현상이라는 단어가 붙는 경우는 매우 소수입니다. 안철수와 이준석의 악연을 비추어보면 참 아이러니한 일이라 볼 수 있겠습니다.

공희준 이와 관련해선 이준석 의원이 가히 선지자 비슷한 존재였습니다. 사실, 지금의 86세대를 제외하면 우리 사회에서 젊은 시절 정치에 대한 효능감을 경험해본 세대가 거의 없습니다. 고기도 먹어본 놈이 맛을 안다고, 선거 승리도 해본 사람들만이 그 짜릿한 맛을 압니다. 잠깐 중간정산을 해보자면 노인세대를 공략하는 황교안의 유튜브 정치는 실패했지만, 청년세대를 파고드는 이준석의 커뮤니티 정치는 성공했습니다.

신인규 이준석을 집권당 당대표까지 만들었으니 적잖이 성공했다고 봐야겠죠. 이준석이 아주 복잡한 고도의 정치공학을 선보인 건 아니었습니다. 그는 국민의 일반적이고 보편적인 정서와는 너무나도 동떨어진 부정선거와 탄핵 무효 같은 비상식적 주장들을 과감하게 물리쳤을 뿐입니다.

공희준 본래 단순하고 간단한 일이 더 어렵습니다. 단순하고 간단한 일에는 많은 사람들이 관심을 기울이게 마련이고, 이건 반대할 사람들도 많음을 함의하거든요.

신인규 이준석은 부정선거와 탄핵 무효를 몰아낸 자리에 젠더 이슈를 장착했습니다. 젠더 이슈의 장착에는 하태경 전 의원(현 보험연수원장)의 역할도 컸습니다. 젠더 이슈로 고무된 젊은 남성 유권자들의 압도적 관심과 지지에 힘입어 오세훈 후보는 57.50퍼센트라는 놀라운 득표율을 거두며 10년 만에 서울시청으로 살아 돌아올 수 있었습니다.

공희준 유권자를 투표장으로 대거 동원할 수 있는 잠재력과 폭발력을 지닌 선거 의제(Agenda)의 개발과 발굴은 전 세계 모든 정치 컨설턴트들의 목표이자 로망입니다. 30대 중반의 연부역강한 이준석이 그 어려운 과업을 이뤘습니다.

신인규 그러한 성과에 탄력을 받아 이준석은 거대 양당 최초의 30대 원외 출신 당대표로 등극했습니다.

공희준 2021년은, 16년 만에 대통령 직선제가 부활한 1987년만큼이나 정국의 흐름이 매우 급박하게 돌아갔습니다. 그 가운데 단연 특기할 점은 호남 지역의 고립으로 귀결된 1990년의 3당 합당을 마지막으로 이후로는 계속 포위만 당해온 보수가 처음으로 상대를 포위해봤다는 부분입니다. 민주당 계열 정당의 전가의 보도였던 지역연합 전략에 대응하는 세대연합 전략의 출현입니다. 민주당의 지역연합 전략의 방점은 대구경북 포위였습니다. 이준석의 세대연합 전략의 주안점은 86세대 포위였어요. 그는 지역이라는 수평축에 세대라는 수직축으로 맞섰습니다.

신인규 포위의 대상에서 주체로 거듭난 데 더해 보수가 말싸움에서도 진보를 압도하는 신기원을 이준석이 열었습니다.

공희준 토론에 능한 보수는 이제껏 없던 매우 생소한 경험이었습니다. 한국 보수의 강점은 돈과 주먹이지, 언변과 논리는 아니었거든요. 포위도 하고, 말싸움도 이기고. 이건 대승을 넘어 대첩이었습니다.

신인규 황교안과 나경원 시절에는 한 번도 경험하지 못했던 신세계였습니다.

공희준 위원장님께서 '나는 국대다' 토론 배틀에 출전하신 때가 언제쯤이었죠?

신인규 2021년 6월 말이었습니다. 국민의힘 이준석 당대표 체제가 출범한 이후 첫 번째로 야심차게 착수한 프로젝트였습니다. 저는 '나국대'에서 입상해 정확히 그해 7월 6일에 국민의힘의 국민 직선 대변인에 선발됐습니다.

Part 4

청년보수 이준석은 어떻게 숙청당했는가

보수의 고인물이
되고 만
풀뿌리 기득권

공희준 '대통령을 내 손으로'는 있었어도 '대변인을 내 손으로'는 그때가 처음이었던 걸로 저는 기억하고 있습니다. 위원장님께서 국민의힘 당직자가 되신 직후 거대한 폭풍이 당으로 휘몰아쳐왔습니다. 윤석열 전 검찰총장의 입당 문제였습니다. 저는 이때 생겨난 감정적 앙금이 작게는 이준석 대표 숙청의, 크게는 윤석열 정권 몰락의 단초가 됐다고 분석하고 있습니다. 윤석열 입당을 둘러싼 신경전과 샅바 싸움으로 이준석 대표 체제는 출항 직후부터 격랑에 휩싸이고 말았습니다.

신인규 이준석 대표를 대놓고 무시하면서 윤석열 전 총장이 국민의힘에 들어온 소위 '패싱 입당'은 윤석열-이준석 내전과 뒤따른 국민의힘의 총체적 파행을 예고하는 상징적 사건이 었습니다.

공희준 입당 과정에서 두 사람 사이에 깊게 파인 불신과 갈등의 골이, 잠시 기사회생하는 것 같던 보수를 또다시 깊은 절망의 심연으로 내몰았습니다. 물론 이는 사후 복기입니다. 당시에는 곧 봉합될 일시적 신경전 정도로 치부됐습니다.

신인규 한국의 보수는 엘리트, 기독교, 노인세대라는 세 개의 기둥 위에 세워져 있습니다. 이 건물 안에서는 극우 유튜버들이 내지르는 궤변 가득한 괴성이 연일 쉬지 않고 쩌렁쩌렁 울려 퍼지는 중입니다. 저는 이 세 개의 기둥을 보수 기득권 그룹이라고 표현하고 싶습니다. 보수 기득권의 체질과 속성은 민주자유당 이래 현재까지 변한 것이 없습니다.

공희준 더 거슬러 올라가면 실제로는 이승만 정권의 자유당 시절로부터 바뀐 게 없습니다.

신인규 맞습니다. 이승만의 자유당과 윤석열의 국민의힘 사이에는 기본적으로 큰 차이가 없습니다. 박 전 대통령 탄핵을 출발점으로 설정한다면 박근혜는 만들어진 대통령입니다. 아버지인 박정희 전 대통령의 후광이 당선에 결정적 구실을 했습니다. 이명박 전 대통령 정도가 보수진영에서는 드물게 자력으로 최고 권좌에 오른 경우입니다. 이명박 본인은 서울시장으로 재임하며 청계천 복원 등의 성과물을 창출해 대중의 지지를 확보했고, 이재오를 필두로 한 MB맨들이 치열한 내부 권력투쟁 끝에 당권을 쟁취했습니다.

박근혜가 대통령에 당선된 다음에는 자기 힘으로 결실을 일궈낸 사례가 거의 없었습니다. 홍준표 대구시장도 알고 보면 소위 얼굴마담에 지나지 않았습니다. 19대 대선에서 당의 후보로 나섰던 그가 2018년 지방선거 직후에 당대표직에서 곧바로 쫓겨난 이유였습니다.

공희준 그래도 본인이 영입한 배현진 한 명은 알박기처럼 박아놓고 쫓겨났습니다.

신인규 엘리트, 기독교, 어르신 코드에 전부 부합하는 황교안도 1년 만에 용도폐기가 됐습니다. 황교안 후속 타자로 왔던 김종인도 1년 정도 머물고 당을 떠났습니다.

공희준 김종인 비대위원장은 여의도 정치판에선 아주 드물게 명예롭게 퇴진했습니다.

신인규 김종인 다음은 이준석인데, 이준석도 근본적으로는 국민의힘의 오래된 고인물인 당원들이 선출한 당수였습니다. 그 고인물들이 이준석 대안으로 선택한 카드가 윤석열이었습니다. 그 윤석열마저 언제 버려질지 모를 위태로운 처지에 놓여 있습니다. 고인물들이 지금은 물 위에 한동훈을 띄우고 있기 때문입니다.

공희준 맥락은 다르지만, 물은 배를 띄우기도 하고 배를 뒤집기도 한다는 순자의 '군주민수(君舟民水)'론이 연상되네요. 문제는 국민의힘의 경우 그 물이 수십 년간 흐르지도, 증발하지도 않으며 한자리에 계속 머물러 고여 있는 물이라는 점이겠지만요.

신인규 보수는 당원들이 가진 풀뿌리 기득권을 여태껏 단 한 차례도 개혁해보거나 교체해보거나 검증해본 적이 없었습니다. 문자 그대로 뿌리 깊은 기득권입니다.

공희준 보수든 진보든 정치인의 기득권을 깨기 전에 당원들의 기득권부터 먼저 깨야겠네요. 태초에 기득권 당원들이 있은 다음에 기득권 정치인이 나타났으니까요.

신인규 대표적 풀뿌리 기득권이 지역 유지로 알려진 사람들입니다. 제가 2020년에 송파구청장에 출마해보니 지역의 토착 기득권 세력은 이미 아주 오래전부터 자기들끼리 똘똘 뭉쳐 강고한 스크럼을 짜고 있었습니다. 이 사람들에게 지역 정치인은 자기들에게 이용가치가 떨어지면 언제든지 갈아 끼울 수 있는 소모품에 불과합니다. 기득권의 단단함과 뿌리 깊음에서만은 보수가 진보를 능가합니다. 비교가 쉽지 않겠지만 이익 중심으로 움직이는 보수의 풀뿌리 기득권은 가장 심각한 수준입니다.

공희준 그게 바로 풀뿌리 기득권의 위용입니다.

신인규 민주당은 정파연합체 성격이 강합니다. 전통적으로 여러 세력이 상호 견제하고 경합해왔습니다.

공희준 대다수 언론과 정치전문가들은 더불어민주당의 이재명 대표 체제가 일극 체제로 불릴 정도로 아주 공고하다고 하는데 저는 다르게 봅니다. 실제로는 굉장히 취약하고 불안합니다.

신인규 저도 같은 생각입니다. 보수 정당의 풀뿌리 기득권의 역사는 일제 강점기까지로 거슬러 올라갈 수도 있습니다. 그 기득권은 이명박 세력이 당을 장악했을 때 잠깐 흔들린 적은 있지만 그 외에는 내내 단단했습니다. 결코 흔들리지 않습니다.

공희준 저는 정두언 전 의원이 생전에 느꼈을 좌절감이 단순히 이명박계 내부에서 진행된 권력투쟁의 패배에서 기인했을 수도 있겠지만, 보수 정당 내 풀뿌리 기득권에 맞닥뜨렸을 때의 막막함에서도 상당 부분 비롯됐을 것으로 추정하고 있습니다.

신인규 MB는 세력 대 세력으로 맞서서 한번 이겨봤습니다. 이명박 외에는 보수 안에서 풀뿌리 기득권과 싸워서 승리한 경우가 없습니다. 저는 그때 맛본 승리의 경험이 윤석열 정권이 시작되자마자 이명박계가 다시금 득세하는 밑바탕이 됐다고 생각합니다. 당원들의 풀뿌리 기득권은 보수에서는 상수입니다. 그 기득권 세력이 이회창 때처럼 두 번 연속으로 대선에는 질 수는 없다며 오세훈의 극적인 승리를 이끌어 낸 젊은 정치인에게 당권을 잠시 맡겼다고 볼 수 있습니다.

공희준 당시 일간지 정치부 기자로 있었던 제 지인이 본인 페이스북에 그런 글을 올린 기억이 납니다. 경북 출신인 지인 어머니께서 젊은 당수가 당을 영도하면 정권을 탈환할 것 같기에 이준석 대표에게 후원금을 보내는 모습을 보며 깜짝 놀랐다는 내용이었습니다. 지인이 그때 40대였으니 지인의 어머님도 꽤 연세가 드신 분이었을 테지요.

신인규 그러한 열망 덕분에 제가 거대 정당의 대변인이 될 수 있었습니다.

공희준 그때 순위가 어땠나요?

신인규 1등이 임승호, 2등이 양준우, 3등이 김연주, 그리고 제가 4등이었습니다.

공희준 임승호, 양준우, 김연주 세 분 근황은 어떤가요?

신인규 네 사람이 지금은 다 뿔뿔이 흩어졌습니다. 임승호 대변인은 현재 변호사가 되기 위한 학업을 준비하고 있습니다. 김연주 대변인은 한동훈 체제에서 대변인으로 다시 기용됐습니다. 양준우 대변인의 경우에는 아예 정치를 접고 일반 기업체에 취직을 했습니다. 저는 독자 노선을 걷고 있고요.

공희준 이준석 의원이 이 네 사람을 어떻게든 계속 안고 갔으면 어땠을까 하는 아쉬움이 저는 느껴집니다. 돈보다 더 벌기 어려운 게 사람입니다.

특수부 검사와
지방호족이
만나면

신인규 기득권 당원들의 정점에는 각지에서 웅거하는 현대판 호족 정치인들이 있었습니다. 그들은 선거에서 승리해야 한다는 정략적 필요성 때문에 이준석을 대표로 뽑아놓기는 했지만, 이준석의 리더십을 인정할 마음은 처음부터 털끝만큼도 없었습니다.

공희준 보수판 후단협, 즉 후보단일화협의회의 태동이네요. 후단협은 2002년 민주당 국민경선 이래 경선 불복의 동의어로 통용돼왔습니다.

신인규 이준석 대표의 입지가 여전히 불안정한 상황에서 윤석열이라는 강력한 외생 변수가 출현했습니다.

공희준 강력한 외생 변수를 뛰어넘어 초대형 운석이었습니다. 최근에 윤석열 대통령을 지구와 충돌해 공룡들을 멸종시킨 거대 운석에 빗대어 '운석열'로 부르는 이유가 확연히 이해가 됩니다.

신인규 윤석열 후보는 이준석 대표와 영남 지역의 기득권 호족 정치인들 사이를 나누는 간극의 존재를 잽싸게 간파했습니다.

공희준 그런 호족 정치인은 강원도와 충청도에도 있습니다. 강원도의 권성동과 이철규, 충청권의 정진석과 박덕흠 그리고 김태흠 같은 경우입니다.

신인규 빈틈을 간파한 윤석열은 국민의힘의 호족 기득권 세력과 즉시 손을 잡았습니다. 윤석열과 기득권 세력이 연합한 집단의 선두에는 권성동과 장제원 같은 인물들이 포진해 있었습니다. 이른바 원조 윤석열 친위대이지요.

공희준 형식적으로는 이준석과 윤석열의 샅바 싸움이었지만, 내용상으로는 이준석 대 지방호족들과의 쟁투였네요. 호족들이 윤석열과 결탁해 이준석을 무력화한 게 국민의힘 헤게모니 싸움의 결과이자 본질로 파악됩니다.

신인규 4월 7일 서울시장 보궐선거 국면에서 자당의 오세훈 후보 대신에 타당 정치인인 안철수를 밀었던 것도 바로 그 호족들이었습니다. 안철수에서 윤석열로 인물만 바뀌었을 뿐 호족들의 출신과 세력의 근원은 변동이 없었습니다. 국민의힘의 뿌리 깊은 기득권 세력입니다.

공희준 한때 '새정치'의 기수였던 철수 형이 장제원류의 호족들과 서슴없이 제휴하는 광경을 보고 저는 세상사 부질없음을 실감했습니다. 불행 중 다행으로 김종인과 이준석이 오세훈으로 야권 후보 단일화를 이뤄내며 1차 호족의 난을 진압했습니다.

신인규 김종인 비대위원장은 아무리 더럽고 치사해도 당에 계속 머물러 있어야 했습니다. 보궐선거 끝나자마자 괴나리봇짐 메고 홀연히 국민의힘을 떠나는 게 아니었습니다. 이 악물고 비대위원장 자리에서 버텼어야 합니다. 끝까지 결과를 만들어내지 못하면 국민 앞에 책임을 다하는 것이라 보기는 어렵습니다. 만일 미련 없이 떠나려고 한다면 아예 정계를 떠나는 것이 맞고요.

공희준 김종인 위원장은 치사한 꼴 보기 싫어하는 성격으로 유명합니다. 선거도 끝난 마당에 국민의힘의 지방호족들 꼴을 더는 보고 싶지 않았을 거예요. 정말 지긋지긋했겠죠.

신인규 영남 기득권이 단기전엔 약해도 장기전엔 강합니다. 저는 그들의 그 끈질긴 지구력이 무섭고도 징그러워요. 그들은 안철수를 서울시장으로 옹립하는 데는 실패했지만 윤석열을 대선 후보로 밀어 올리는 일에서는 성공했습니다. 당내 호족들은 대선을 앞둔 시점이었기에 이준석에게 대놓고 덤벼들지는 못하고 일단은 발톱을 숨겼습니다. 그들은 윤석열 등 뒤에 숨어 이준석을 공격하는 작전을 구사했습니다.

공희준 그걸 사자성어로 호가호위라고 합니다. 기술용어로는 원격조종이고요.

신인규 윤석열과 한 몸이 된 기득권 호족세력은 윤 정부가 출범한 지 얼마 지나지 않아 이준석을 완전히 제거하고 마침내 당을 완벽하게 접수했습니다.

공희준 제가 윤석열 정권 출범을 전후해 친윤 세력으로부터 발견한 특징이 있습니다. 신인규 위원장님께서 말씀하신 지방호족이 비유적 표현이 아니란 사실이었습니다. 권성동, 장제원, 윤한홍, 이철규, 정진석 등이 신라 말기의 호족들처럼 각자의 지역에 할거하며 반(半)독립상태를 유지하고 있었습니다. 따라서 윤 정권은 이들이 연합해 만든 호족연합체 정권으로 규정될 수 있었습니다. 문제는 윤석열 대통령이 태조 왕건이 아니라 관심법을 빙자해 철퇴를 마구 휘두른 궁예 스타일의 통치자라는 점이었지만요. 그런 측면에서 윤석열이 국민의힘에 입당한 바로 그 순간 이준석이 당대표직에서 추방되는 사태는 이미 시한폭탄 터지듯 예정돼 있었던 셈입니다. 윤석열의 입당을 계기로 이준석은 당대표에서 실제로는 선대본부장 정도의 지위로 강등됐다고 봐야죠.

신인규 당내 호족세력의 강력한 지지를 받고 있다는 자신감이 전제됐기 때문에 윤석열은 당대표를 공공연히 능멸하고 당에 들어오는 패싱 입당을 감행할 수 있었습니다.

공희준 호족은 나의 편이니까.

신인규 옛날식 표현으로 휘하에 막강한 가병조직을 거느린 권성동과 장제원 같은 사람들이 좌우에서 옹위를 해주는데 뭐가 무섭겠습니까? 전당대회에서 선출된 정통성 있는 당대표 이준석을 윤석열이 호족의 힘으로 들이받은 것이죠. 그래도 이준석 대표가 대선일까지는 윤석열의 호족연합체와 비교적 대등하게 맞설 수 있었습니다. 첫째로 중도층 중심의 일반 여론이 이준석 대표의 편이었고, 둘째로 펨코를 위시한 여러 커뮤니티 사이트들이 이준석 대표를 외곽에서 든든하게 지켜주는 지원군 역할을 해줬습니다. 셋째로 윤석열 세력이 대선에서 이기려면 이준석의 힘이 필요했고요.

공희준 하지만 이준석이 결국에는 허무하게 무너지고 말았습니다. 저처럼 평범한 시민들이 이준석을 아무리 목이 터져라 열심히 응원해도 공권력의 힘까지 가세한 저 막강한 호족의 힘을 당해내지 못하겠더라고요.

신인규 호족의 힘이 워낙 막강한 데다 이준석 대표의 정치적 리더십에도 한계가 뚜렷했습니다. 우선적으로 당대표로 있으면서 확실한 자기 세력을 만들지 못했습니다. 리더십이 뿌리를 내리지 못한 것이지요.

공희준 그러기에는 시간이 너무 부족했다고 저는 봅니다. 윤석열 일행의 당내 친위쿠데타가 너무나 속전속결로 이루어졌거든요.

신인규 지방선거 끝나자마자 이준석 퇴출 프로그램이 곧바로 가동됐습니다.

공희준 저는 이준석 대표가 머잖아 숙청을 당하리라는 예감을 했었습니다. 그래서 제 개인공간인 공희준.com에 "이준석은 왜 숙청(肅淸)당하나"라는 제목의 글을 올린 게 대선이 치러지기 약 70일 전인 2021년 12월 30일이었습니다. 지금 생각해보면 말이 씨가 된 것 같아 제가 너무 경솔한 행동을 했던 게 아닌지 하는 후회가 듭니다. '숙청'은 스탈린의 소련이나 김일성의 북한 같은 공산주의 국가들에서 정적을 제거하는 방식입니다. 이 숙청이라는 전체주의적 단어를 윤석열과 이준석의 관계에 도입하고 적용한 사람은 제가 아마 처음일 거예요. 윤석열과 이준석의 갈등을 거치며 이제는 젊은 누리꾼들마저 숙청이라는 표현을 서슴없이 사용하게 됐습니다. 제가 본의 아니게 남한 사회에 숙청을 보급한 격이 되고 말았습니다. 이준석 대표가 여러 가지 한계점도 갖고 있지만 그럼에도 그는 국민의힘 안에서는 대단히 희소한 개혁군주 같은 존재였습니다. 기득권 세력의 반발로 말미암아 좌절한 개혁군주였어요.

이준석은 왜 숙청(肅淸)당하나

이준석이 서울시장 보궐선거 압승과 정당 지지율 선두 탈환이라는 빛나는 금자탑을 쌓고도 불미스럽기 짝이 없는 섹스 스캔들에 휘말려 아예 정치생명이 끊어질지 모르는 절체절명의 위기로 내몰린 근본적 이유는 그가 국민의힘의 주축을 이루는 현역 지역구 국회의원들의 소중한 비즈니스 모델을 통째로 파괴하려고 발칙(?)하게 시도한 사실에 있다.

집권여당인 더불어민주당이든 제1야당인 국민의힘이든 해당 정당에 소속된 현역 국회의원들의 핵심적 수익창출 구조는 지방선거 공천권 행사에 기반해 있다. 자신을 위해 몸 바치고, 돈 바치고, 인력 바치는 인물들에게 그 반대급부로 자치단체장과 지방의원 공천을 제공·보장해주는 과정에서 발생하는 떡고물이 양당의 '정치사업자'들이 정치를 하는 본질적 동기이기 때문이다.

이준석이 추진을 천명한 '지방선거 출마자 과거제도'는 국민의힘의 현직 지역구 금배지들을 젖과 꿀이 흐르는 땅에서 오랫동안 신나게 뒹굴 수 있도록 만들어준 비즈니스 모델을 일거에 끝장내겠다는 위협적이고 가공할 만한 선전포고와 다름없었다. 그 순간 국민의힘의 대다수 현역 국회의원들에게 최고의 지상목표는 대선승리가 아니라 신속한 이준석 숙청이 되었다.

그래서 남들의 밥그릇을 깨는 개혁은 함부로 실행에 옮기면 안 되는 것이다. 만약 당신이 시대의 요구이며 민중의 염원인 개혁을 단행해야겠다고 단단히 결심했다면 그에 앞서서 마키아벨리가 그의 역작이자 대표작일 『군주론』에서 힘주어 강조한 '무장한 예언자(Armed Prophet)'가 되어야 한다. 마키아벨리는 당대 권력자들의 사나운 감시의 시선을 피하고자 자기 검열 차원에서 '개혁가'를 '예언자'로 에둘러 표현했었다.

그라쿠스 형제는 무장하지 않은 비무장의 예언자(Unarmed Prophet)였기에 실패했고, 반대로 카이사르는 무장한 예언자였기에 성공했다. 한국사 역시 로마사와 맥락은 별반 다르지 않다. 지도자 휘하에 강력한 무력을 보유한 가병 집단이 있고 없음이 정도전의 좌절과 이방원의 개가를 각각 낳았다.

이준석의 치명적 실수는 무장하지 않은 상태에서 개혁을 꾀했다는 점이다. 개혁이 성공적으로 실현되는 필수적 전제조건은 개혁가가 살벌한 권력투쟁의 현장으로 언제든지 동원 가능한 충분한 숫자의 거칠고 피 끓는 지지자들을 사전에 조직적이고 체계적으로 규합해놓는 데 있다.

이준석은 그러한 중대하고 기초적인 준비 작업을 철저하게 등한시한 상황에서 당내 기득권 세력의 철밥통을 부수려 기도했고,

개혁의 섣부른 도모는 디지털 시대의 자객으로 규정될 〈가로세로연구소〉 유형의 '전업 유튜버'들의 이준석 저격을 역풍으로 불러오고 말았다. 이준석 국민의힘 대표의 급작스러운 몰락에서 미래의 젊은 개혁가들이 반드시 곱씹어야만 할 처절한 교훈이리라.

_〈공희준.com〉 중에서

국민의힘 경선을 접수한
버스의 힘과
동원의 힘

신인규 세력을 모으는 데 실패한 건 이준석만의 문제는 아니었습니다. 유승민 전 의원도 확실한 자기 세력을 구축하지 못했습니다. 이명박은 성공한 세력 결집을, 개혁보수로 불리는 사람들은 그 누구도 여태껏 해내지를 못해오고 있습니다. 이준석은 나가서 개혁신당을 만들고 자신만은 금배지를 달았지만 그걸 세력을 만드는 데 성공했다고 평가하기에는 아직은 이릅니다. 개혁신당의 당세가 아직은 크지 못하거든요. 성공을 거뒀다고 하기보다는 일단은 생존했다고 봐야 합니다. 생존 그 이후가 더 중요하다고 하겠습니다.

공희준 바둑으로 치자면 상대의 대마를 잡았다기보다 구석에 가까스로 두 집이 났다고 해야겠네요. 아니, 의석이 셋이니 석 집이네요.

신인규 초대형 원자력 항공모함을 건조했다기보다는 이낙연 전 대표와의 합당 결렬 후 긴급구명정을 마련했다고 봐야죠.

공희준 규모와 방식이야 어떻든 우선은 생존해야만 후일을 도모할 수 있습니다. 이제 윤석열 전 검찰총장이 2021년 11월 5일 국민의힘 대선 후보에 선출된 일과 연관된 얘기로 주제를 넘겨야겠네요. 저는 크게 두 가지가 궁금합니다. 민심에서는 홍준표가 승리했습니다. 반면 당심에서는 윤석열이 대승을 거뒀습니다. 동원의 힘의 승리였나요? 앞에선 국민의힘, 뒤에선 버스의 힘이었던.

신인규 호족의 힘의 승리였고, 버스의 힘의 승리였습니다. 즉 동원의 힘의 승리였습니다. 보수 정당의 고질적 병폐인 민심과 당심의 불일치가 적나라하게 까발려진 경선이었습니다. 한동훈을 당대표로 당선시킨 올해 7·23 전당대회는 민심과 당심이 부합했다고 하는데, 윤석열을 대선 후보로 선출한 경선전은 민심과 당심이 눈에 띄게 괴리됐었습니다.

공희준 두 번째 궁금증은 홍준표와 유승민이 단일화를 이뤄내지 못한 일입니다. 저는 두 사람이 후보 단일화에 성공했다면 아무리 동원의 힘이 기승을 부려도 대선 후보 자리를 윤석열에게 내주지 않았을 거라고 확신합니다. 두 사람은 어째서 단일화에 실패했을까요?

신인규 만약에 '홍유 단일화'가 실현됐다면 홍준표로 단일화가 되었을 확률이 높았습니다. 저는 이러한 부분을 인지하고 있던 유승민 측에서 단일화에 소극적이지 않았을까 생각합니다. 저는 유승민 전 의원이 단일화 승부수를 띄웠으면 어땠을까 하는 아쉬움은 다소 있습니다. 유승민 대표는 홍준표-유승민 공동정권 안에서 자신의 지분을 확보하고 정책을 관철하는 방향으로 나아갔어야 했습니다. 유승민이 상당한 영향력을 행사하고 권력을 분점한다면 지금의 윤석열 재앙은 피할 수 있지 않았을까 하는 아쉬움입니다. 분명한 부분은 홍준표와 유승민, 유승민과 홍준표가 힘을 합쳤으면 경선에서 윤석열에게 확실히 이겼을 것이란 점입니다. 물론 홍준표라는 정치인이 좋은 도구는 아니지만 윤석열에 비하면 그 누가 하더라도 이보다는 나을 것이라는 차원에서의 아쉬움입니다.

공희준 윤석열 전 총장의 입당 과정에서 엄청난 갈등을 겪었음에도 불구하고 이준석 대표가 대선 후보 경선전은 굉장히 공정하게 관리를 했습니다. 굴러온 돌일 윤석열 측에서 경선의 불공정성을 제기한 적이 없었거든요.

신인규 제가 대통령 선거관리위원회의 대변인직을 담당했기 때문에 경선 실무와 관련된 회의에 거의 매번 참석했었습니다. 경선의 전체적 진행 과정을 자세히 들여다볼 수 있는 위치에 있었습니다. 형식적 공정함에는 문제가 없었습니다. 관건은 이준석 대표가 기계적 공정함에 과도하게 매몰된 나머지 당대표로서 응당 해야만 할 기본적 역할마저 소홀히 했다는 점이었습니다. 서병수 의원이 처음에는 경선관리위원장으로 선임됐습니다. 그런데 지방호족들, 즉 당내 기득권 세력이 반발하는 바람에 서병수가 날아가고 맙니다.

공희준 서병수 의원도 광의의 호족인데 그래도 인정사정없이 날려버리네요.

신인규 호족은 호족이되 이준석에게 우호적인 호족이란 게 구태들이 이준석을 압박해 서병수를 몰아낸 이유였습니다. 이준석 대표가 서병수가 물러난 국민의힘 선거관리위원장 자리에 새로운 인물을 모셔왔는데 다름 아닌 정홍원 전 국무총리였습니다. 정홍원 전 총리는 윤석열 전 총장의 특수부 검찰 선배이기도 했습니다.

공희준 정홍원은 특수부 검사 시절에 일어난 초원복국집 사건에서 지역감정을 노골적으로 선동한 김기춘 전 검찰총장을 봐주기 수사를 해준 것으로도 알려져 있습니다. 김기춘, 정홍원, 윤석열로 이어지는 검사 패밀리의 끈끈한 가족애를 이준석 대표가 간과했던 듯싶습니다. 정홍원은 김기춘과 견주면 그나마 무색무취한 캐릭터로 통했습니다.

신인규 팔이 안으로 굽겠습니까? 아니면 밖으로 퍼지겠습니까? 공정한 당무 관리가 당무에서 완전히 손을 뗌을 뜻하지는 않습니다. 그런데 이준석 대표는 경선 관리에서 손을 떼는 식으로 본인의 공정성을 입증하려 했습니다. 상당히 소극적이고 부정적인 방식입니다. 결국 정홍원을 선거관리위원장에 앉히는 순간 경선판이 윤석열에게 유리하게 짜이고 말았습니다. 제가 대변인 자격으로 회의에 참석해 관찰해보면 정홍원은 대놓고 티를 내지는 않아도 윤석열에게 유리하게 될 수밖에 없도록 행동하고는 했습니다. 위원장의 권한을 넘나드는 방법으로 "가재는 게 편"을 드는 모양새였습니다. 특수부 검찰의 끈끈한 우정을 느낄 수 있었습니다.

공희준 구체적 실례가 있나요?

신인규 이를테면 이준석 대표가 '2 대 2' 방식의 후보자 간 토론을 제안하자 정홍원 선관위원장이 은근슬쩍 난색을 표시했습니다.

공희준 결선에 진출한 후보가 윤석열, 홍준표, 유승민, 원희룡 넷이었으니 가능한 구도였네요.

신인규 윤석열 경선 캠프에서 이걸 극력 반대했습니다. 결과적으로는 정홍원이 윤석열 손을 들어준 셈이었습니다. 그래서 기존의 '일대일' 토론 형식이 결국 유지됐습니다.

공희준 정홍원 위원장이 국민들의 관심을 끌었을 2 대 2 토론을 왜 반대했나요?

신인규 특별한 메시지는 없었습니다. 윤석열 캠프에서 말하는 반대 논리를 거의 동일하게 되풀이했을 뿐입니다. 윤석열 대세론을 굳혀주고 싶었던 마음인지도 모르겠습니다.

공희준 경선 내내 윤석열 캠프의 의사가 줄곧 관철되는 모양새였겠네요.

신인규 그런 분위기가 계속해서 이어졌습니다. 대세론이 크기도 했고요.

공희준 제가 방금 그때의 언론기사를 검색해보니 2021년 뉴시스 손정빈 기자가 이런 기사를 썼습니다. 제가 일부만 읽어보겠습니다.

"국민의힘 선거관리위원회가 26일 대선 경선 국민 여론조사 방식을 사실상 4지 선다형으로 확정했다. 질문 방식은 경선 후보 4인 중 더불어민주당 이재명 후보와 맞붙었을 때 누가 가장 경쟁력 있느냐를 묻는 단순 4지 선다형이 아니라, 이 후보와 국민의힘 후보 간 가상 일대일 대결 상황을 각각 모두 불러준 뒤 어느 후보가 가장 경쟁력 있는지를 묻기로 했다. 홍준표 의원 측이 주장해온 '4지 선다형'을 골자로, 질문 방식을 윤석열 전 검찰총장 측이 말해온 일대일 가상 대결로 채택한 것이다."

역차별의 희생양
유승민

신인규 외부에서는 이준석 대표가 경선을 공정하게 관리했다고 평가했습니다. 경선에 관여하지 않았다는 점에서 이는 맞는 말일 수도 있습니다. 그런데 관여하지 않았다는 건 아예 손을 뗐다는 의미로도 읽힐 수 있습니다.

공희준 방임으로 해석될 수도 있겠네요.

신인규 저는 이준석 대표가 기본적 관리에서마저 손을 놓았다고 생각합니다. 대표가 공관위원장에 검찰 출신을 앉힌 것이 실패한 인사라고 생각합니다. 중차대한 대선의 경선판이 누구를 위한 기울어진 운동장이 될지 뻔했거든요. 말씀하신 것처럼 거의 방임에 가까웠습니다.

공희준 2021년 국민의힘 대선 후보 선출 경선에 관련한 당대표 이준석의 스탠스는 군림하되 통치하지는 않는 입헌군주와 유사했네요.

신인규 이준석 대표가 기계적 중립에 너무 매몰돼 있었습니다. 그로 인해 가장 역차별을 당한 경선 후보자가 누구인 줄 아십니까? 바로 유승민 후보였습니다. 유승민 후보는 이준석 대표와 개인적 인연이 있다는 이유만으로 경선 국면 내내 처음부터 끝까지 시종일관 역차별과 불이익을 겪어야만 했습니다. 홍준표 후보는 경선판을 깨겠다고 중간에 몇 번이나 얘기했습니다. 이러한 벼랑 끝 전술 덕분에 홍준표는 나름 배려를 받을 수 있었습니다.

공희준 홍준표도 검사잖아요. 유승민 빼고 다 검사 출신이었던 게 국민의힘 대선 경선의 한계이자 아킬레스건이었습니다.

신인규 정홍원 선거관리위원회는 열 가지 이견이 생기면 그중 여덟은 윤석열 편을 들고, 나머지 둘은 홍준표 손을 들어주는 식이었습니다. 원희룡 후보는 존재감이 미미했습니다.

공희준 유승민은 역차별을 당했고, 원희룡은 승산이 희박하다 보니 아예 안중에 없었네요.

신인규 두 사람은 논의의 장에서 배제되었습니다. 아무래도 양강 구도 영향도 적지 않았을 겁니다.

공희준 원희룡은 윤석열과 언제든지 살림을 합칠 기세였으니 별다른 불만이 없었을 것 같습니다. 이래저래 유승민만 왕따였네요.

신인규 유승민 홀대론을 부인하기 어려운 상황이었습니다. 경선 과정에서 과감한 승부수를 띄웠으면 어땠을까 하는 아쉬움은 두고두고 남는 대목입니다. 최선이 아닐 때엔 차선이라도 선택하는 것이 정치의 결과책임 아닐까 싶습니다.

준비된 토사구팽
이준석 토사구팽

공희준 결단력 부족은 유승민 대표의 고질병처럼 되고 말았습니다. 요번 7·23 전당대회에도 결단력 부족 탓에 나오지를 못했으니까요. 선거는 내가 잘해서 이기는 것도 있지만, 상대가 워낙 죽을 쒀서 이기기도 합니다. 이 모든 시행착오와 우여곡절에도 국민의힘은 21대 대통령 선거에서 간발의 차이로 승리했습니다. 1위 윤석열 후보와 2위 이재명 후보의 득표율 차이가 0.73퍼센트 포인트였을 뿐인 유례없는 초박빙이었습니다. 최종 선거 결과가 발표되기 무섭게 이런저런 선거 총평이 시작됐습니다. 윤석열 후보와 가까운 인사들은 여유 있게 이길 수 있는 선거를 이준석 때문에 깻잎 차이로밖에 이기지 못했다는 총화를 내놨습니다. 이는 근거 있는 주장이었을까요?

신인규 그런 얘기는 선거 끝난 다음에는 누구나 할 수 있는 말들입니다. 이른바 방구석 평론가들이 흔히 내놓는 진단과 분석이죠. 이준석이 없었으면 더 크게 이길 수 있었다는 주장은 이준석 대표를 공격하려는 의도에서 졸속으로 만들어진 사후약방문식의 논리에 불과합니다. 자기들에게 크게 이길 수 있는 전략이 있었다면 그걸 선거 끝나기 전에 실행했으면 됐지 왜 결과 나온 후에야 구시렁댑니까? 채점 다 끝나 성적표까지 받고 난 후에 예상 기출문제 알려주면 그게 무슨 소용이겠어요. 더 이길 걸 덜 이겼다? 한마디로 궤변입니다. 윤석열의 실력에 어울리는 성적표를 받았을 뿐이에요. 그게 실력입니다.

저는 반대로 묻고 싶습니다. 이준석이 당대표로 있지 않았어도 대선에서 이겼을까요? 저는 백 퍼센트 졌을 거라고 단언할 수 있습니다. 이준석 대표가 당대표로 버텨준 덕분에 기존에는 보수 정당을 지지하지 않았던 중도와 청년층 유권자들에게까지 국민의힘의 외연을 확장할 수 있었습니다. 그 덕분에 0.73퍼센트 포인트의 미세한 차이일지언정 승리할 수 있었습니다. 그러니 윤석열은 이준석에게 감사해야 마땅합니다.

공희준 이준석 대표를 지지하는 젊은 네티즌들이 신속하게 만들어내는 밈 콘텐츠 덕분에 국민의힘이 사상 최초로 인터넷 공간에서 민주당을 압도할 수 있었습니다. 그럼에도 윤석열 일행은 이준석에게 감사하기는커녕 배은망덕하게도 어떻게든 빨리 토사구팽을 시킬 궁리만 하고 있었습니다.

신인규 크게 이길 대선을 이준석 탓에 가까스로 이겼다는 억지 논리를 앞세워 윤석열 쪽 사람들은 이준석 대표를 대선 직후부터 다시 흔들기 시작했습니다.

공희준 윤석열 정권이 조짐이 좋지 않았던 건 대선 끝난 직후부터였습니다. 장제원 전 의원을 당선인 비서실장으로 앉힌 건 작게는 이준석을 향한, 크게는 국민을 향한 선전포고였습니다. 정권의 초기 설정 단계부터 그림이 크게 어그러졌습니다.

신인규 첫 단추를 아주 단단히 잘못 끼웠습니다.

공희준 윤석열 정권의 망조는 인수위 때부터 들었습니다. 대체 어디에서 그러한 잘못이 싹튼 것일까요? 왜냐하면 윤석열 대통령이 당선인으로서 했던 일은 딱 두 개만 현재 기억이 나거든요. 첫째는 대통령직 인수위원장에 공식 지명된 안철수 의원이 무슨 이유에서인지 단단히 토라져 걸핏하면 태업을 벌인 일입니다. 둘째는 청산 대상으로 지목된 장제원을 대통령 당선인이 기를 쓰고 감싸고 돈 일입니다. 김영삼 전 대통령은 인사가 망사라고 했는데, 윤석열 당선인의 경우에는 인수위부터가 망하는 일, 즉 망사였습니다. 화장실 들어갈 때 마음과 나올 때 마음이 다르다고, 어쩌면 윤석열의 수구반동적 본색이 중앙선관위에서 당선증 받자마자 나오기 시작했을지도 모르겠습니다.

신인규 말씀하신 대로 인수위 구성부터 엇나갔습니다. 당선인 비서실장은 5년 동안의 국정운영 기조와 방향을 알려주는 나침반 같은 존재입니다. 장제원은 당내에서도 평이 좋지 않았습니다.

공희준 가족 리스크도 컸습니다.

신인규 장제원 의원은 아들 문제까지 겹치는 바람에 대선 운동 기간 내내 잠수를 타다시피 했습니다. 그런데 이기자마자 일찌감치 내정이라도 해놓은 것처럼 장제원을 당선인 비서실장에 떡하니 앉혔습니다. 그러니 국민들이 윤석열은 화장실 들어갈 때와 나올 때가 너무 다르다는 생각을 하는 게 당연했습니다. 본색을 빠르게 드러내도 너무 빠르게 드러냈어요.

이준석 흔들기는 대선 운동 기간에조차 멈추지를 않았습니다. 그러한 흔들기의 중요한 한 축을 극우 유튜버들이 담당했습니다. 그래서 저는 윤석열 진영의 이준석 제거 계획은 대선 투표일 전에 앞서서 이미 일찌감치 수립됐다고 판단하고 있습니다. 그러한 계획이 2022년 연초부터 착착 진행되고 있었다는 징후가 도처에서 포착됐거든요.

왜 그렇게 수준 이하의 인수위 진용 구성이 이뤄졌느냐? 윤석열 대통령은 새로운 세력과 손잡고 낡은 보수를 일신하겠다고 약속함으로써 대선에서 이겼습니다. 하지만 윤석열에게 개혁보수는 선거 때 잠시 쓰고 버리는 요긴한 이용 대상일 따름이었습니다. 토사구팽은 시간문제였습니다. 이준석 같은 새로운 세력은 어차피 용도폐기 대상일 뿐이니 쓸 사람이 달리 마땅치 않았습니다. 그러니 권성동 의원 지인의 아들 같은 사람들이 용산 대통령실에서 근무하게 된 것이죠.

공희준 누구 아들, 누구 딸 하는 사람들이 이 정권에는 유난히 많습니다. 국민의힘이 야당 시절에 문재인 정부와 더불어민주당을 비판할 때 정실인사가 주요 비판 소재였거든요. 그런데 정실 인사에서 윤석열 정부가 문재인 정부보다 한 술이 아니라 두 술, 세 술을 더 뜨고 있는 양상입니다.

신인규 윤석열 대통령이 대선 후보 시절 국민들께 다짐했던 일들을 실행에 옮길 수 있는 사람들을 집권하자마자 팽해버렸으니 이 정부가 어떻게 유능한 정부가 될 수 있겠습니까? 약속도 안 지키고 능력도 없는 정부가 된 게 당연합니다.

공희준 누구 아들이라고 중용하고, 누구 딸이라고 발탁하는 정부가 유능한 정부가 되기를 바라는 것이야말로 백년하청이라고, 황하의 물이 맑아지기를 바라는 것처럼 부질없는 일입니다.

신인규 이준석 대표가 윤석열 대통령의 속내를 읽지 못했다면 무능한 거겠죠. 만약 이준석이 윤석열의 흉중을 파악했다면 옥쇄를 각오하고서라도 윤 대통령과 여권 안에서 끝까지 싸웠어야 합니다. 하지만 읽기는 읽었으되 불충분하게 읽었고, 싸우기는 싸웠으되 중간에 백기를 들면서 이도 저도 아니게 돼버렸습니다. 시계를 다시 앞으로 돌리면, 인수위원회는 당선인 비서실장인 장제원의 주도 아래 꾸려지고 운영됐습니다. 위원장인 안철수 의원은 사실상 핫바지였습니다.

공희준 허수아비였습니다.

신인규 윤석열 국민의힘 후보와 안철수 국민의당 후보가 단일화에 합의한 날은 투표를 겨우 6일 앞둔 시점인 3월 3일이었습니다. 그 전에 두 사람이 서로 마음 깊이 교류를 해봤겠습니까? 허심탄회하게 충분히 대화를 나눠봤겠습니까? 먼저 정책과 내용에서 합일점을 찾은 후에 이걸로 유권자의 선택과 심판을 받아야 하는데, 순서가 완전히 거꾸로 됐습니다. 심판과 선택을 먼저 받고 그다음에 비전과 청사진에 대한 공통분모를 도출하려 시도했습니다. 그러니 두 사람이 주파수가 통할 리가 없지요. 인수위 시절부터 둘의 관계가 삐걱대면서 윤안 공동정부 구성은커녕 윤석열이 권력을 독식해나갔습니다. 윤석열 정부가 앓고 있는 만병의 근원인 독식과 독점이 인수위 시절부터 이미 배태됐습니다.

Part 5

윤석열 강점기의 막이 오르다

이준석표
3대
인사 참사

공희준 윤석열 정부가 정식으로 출범하고 3주 정도 후인 2022년 6월 1일에 제8회 전국동시지방선거가 실시됐습니다. 그래도 이때까지는 이준석 대표가 당대표로서 어느 정도 권위와 영향력을 행사했습니다. 그래서 더더욱 궁금해집니다. 여당의 경기도지사 후보를 선출하는 데 불공정 경선의 극치를 달렸거든요. 유승민 주저앉히기와 김은혜 밀어주기가 동전의 양면 관계를 이루며 별의별 추태가 다 벌어졌다는 소식이 곳곳에서 들려왔습니다. 그런데도 이준석 대표는 불공정한 경선을 바로잡기 위해 별달리 손을 쓰지 않았던 것으로 당 밖의 국외자인 저에게는 비쳤습니다.

신인규 이준석 대표의 미흡한 조직관리 능력은 2022년 지방선거 국면에서 드러났습니다. 저의 경우를 한번 들어보겠습니다. 당시 제가 서울 송파구청장 후보 경선에 출사표를 던졌는데, 저는 이준석 대표에 기대지 않고 저 스스로의 독자적 역량으로 경선에서 이기고 싶었습니다. 저는 당헌·당규에 명시된 대로만 경선이 시행되면 충분히 승산이 있다고 자신했습니다. 다른 건 바라지 않았습니다. 저는 신인 출마자였습니다. 신인 가산점을 받게 돼 있었습니다. 저는 당헌·당규가 제대로 지켜지는 수준의 공정한 경선이 실시되리라 믿었는데 제 순진한 오산이고 착각이었습니다. 현실은 당헌·당규는 뒷전이었고 저는 그로 인해 아슬아슬한 차이로 경선에서 패배하며 분루를 삼켜야만 했습니다.

공희준 제가 송파구 주민인데 국민의힘 소속인 현 구청장이 뉴라이트 인사들이 강사로 등장하는 강연회를 구청 차원에서 개최해 물의가 빚어진 적이 있습니다. 잠실벌에 친일 뉴라이트 출몰이라니, 참으로 어이가 없었습니다.

신인규 국민의힘의 경기도지사 후보 경선은 이준석 대표가 당의 수장으로서 응당 관리에 나서야만 할 선거였습니다. 하지만 관리를 거의 하지 않았습니다. 관리를 했는데도 공천이 엉망이라면 능력의 부족일 것이고 관리를 하지 않았다면 무책임한 방임이라 볼 수 있습니다.

공희준 당시 공천관리위원장은 누구였나요?

신인규 정진석 현 대통령실 비서실장입니다.

공희준 아이고, 어지럽네요 어지러워. 고양이에게 생선가게 정도를 맡기는 게 아니라 아예 노량진 수산시장을 통째로 불하한 꼴입니다.

신인규 정진석을 공관위원장에 임명한 일은 이준석 대표의 사람 보는 안목이 여전히 부족함을 입증해준 대표적 인선이었습니다. 당대표는 인사권을 행사하고 그로 인한 모든 행위를 책임지는 무한책임의 주체입니다.

공희준 정진석 공천관리위원장 카드는 이준석 대표의 자발적 선택이었나요? 아니면 윤석열 측의 압박에 굴복해 어쩔 수 없이 타의에 의해 임명한 건가요?

신인규 이준석 대표는 자신이 대선을 승리로 이끈 당의 간판이자,

전국적 지명도를 누리는 촉망받는 스타 정치인이기 때문에 윤석열 대통령이 이 대표를 함부로 치지 못하리라 생각했던 것으로 보입니다. 오만이라면 오만이고, 방심이라면 방심이었습니다.

공희준 천하의 삼봉 정도전도 조선왕조의 개국 공신이자 태자 이방석의 스승인 자기를 정안군 이방원이 함부로 도모하지 못할 것이라는 오만 또는 방심에 빠졌다가 제1차 왕자의 난이 일어나며 허망하게 목숨을 잃었습니다. 문득 그 일이 생각나네요.

신인규 이준석은 윤석열의 요구를 흔쾌히 받아줌으로써 통 큰 지도자의 모습을 국민들에게 보여주고 싶어 했습니다. 윤석열에 대한 과소평가가 전제된 것은 아닌지, 상당히 안이한 인사였다고 봅니다.

공희준 한국 특유의 제왕적 대통령제 아래에서 현직 대통령의 권력이 얼마나 막강한지 이준석 대표가 간과하고 말았네요.

신인규 이준석 대표의 일거수일투족을 언론이 대서특필했습니다. 그가 페이스북에 글을 올리면 수많은 누리꾼들이 열광했습니다. 이준석 대표가 윤석열 대통령이 손에 쥔 권력의 위력과 크기를 얕보기에 딱 좋은 환경이었습니다. 그런 상태에서 정진석을 공관위원장에 앉혀달라는 용산 대통령실의 부탁 혹은 요구를 이준석 대표는 아무런 경계감 없이 받아들였습니다.

공희준 정진석은 트로이 목마였습니다. 그것도 몸체 곳곳에 "나는 윤석열이 보낸 트로이의 목마다!"라는 현수막을 큼지막하게 붙여놓은 목마였습니다. 그 트로이의 목마를 위해 이준석 대표가 성문을 열어준 사실을 생각하니 슬프면서도 씁쓸합니다.

신인규 결정적 오판이었습니다.

공희준 그래서 고대 그리스 비극에서는 인간의 오만(Hubris)을 모든 비극의 원인으로 묘사해놨습니다. 그 정진석이 불과 한 달 후에 이준석 숙청의 돛을 뜨지 않았나요?

신인규 정진석은 이준석 숙청의 일등공신입니다. 자기의 뒤통수를 가장 먼저 칠 사람을 그 중요한 공천관리위원장이 되도록 이준석 대표가 수수방관을 했습니다. 이제야말로 윤석열의 이준석 숙청을 사태가 전개된 시간 순서대로 차분하게 복기할 때입니다. 그리 복잡한 작업은 아닙니다. ① 대선에서 승리했습니다. ② 윤석열의 요구대로 이준석이 정진석을 지방선거의 공천관리위원장에 앉혔습니다. ③ 지방선거가 마무리되자마자 정진석이 이준석의 등에 정치적으로 비수를 꽂아 그를 당대표직에서 끌어내립니다. 정확히 3단계입니다.

공희준 지방선거가 끝난 직후 이준석 대표가 우크라이나를 방문했습니다. 그러자 정진석 실장이 이준석의 행동이 한반도 평화와 비핵화에 중요한 국가인 러시아를 불편하게 하는 일이라고 비판했습니다. 윤석열 정권이 지금 우크라이나에 무기를 수출하는 일 등의 행위로 러시아와 공공연히 적대하는 현실을 생각하면 이러한 정진석의 주장은 이준석 숙청에 필요한 명분 축적용이었습니다. 아니, 윤석열이 우크라이나를 방문하면 착한 방문이고, 이준석이 똑같이 우크라이나를 찾으면 나쁜 방문인가요? 참 나쁜 내로남불입니다. 정진석의 이준석 저격은 지방선거 끝나고 정확히 닷새 후인 6월 6일의 일이었습니다.

신인규 정진석이 신호탄을 쏘아 올리자 당시 최고위원 배현진이 즉각 이준석을 겨냥한 전방위 공격에 나섰습니다. 최고위원회에서 이준석 대표가 배현진의 악수를 거칠게 뿌리친 소동도 이때 벌어졌습니다.

공천관리위원장에게 공천 관련 업무를 맡기는 건 맞습니다. 그럼에도 공천에 대한 최소한의 기본적 관리와 감독은 당대표로서 할 책임과 의무가 있었습니다. 이준석 대표는 이걸 방기했습니다. 용산의 특명을 받았을 정진석이 공천관리와 관련해 전권을 휘두르는 즉시 아비규환이 벌어졌습니다. 저처럼 당연히 받아야 할 신인 가산점과 청년 가산점을 받지 못한 건 유승민이 경기도지사 경선에서 당한 봉변에 견주면 일도 아니었습니다. 유승민은 대선 후보 경선에서 이미 윤석열 눈 밖에 단단히 난 사람이었습니다. 찍혀도 제대로 찍혔어요.

공희준 후보자 토론회에서 유승민 후보가 윤석열 후보에게 특정한 신체부위, 곧 항문에 침을 놓는 사람과의 관계를 물으며 윤석열과 무속인들 사이에 모종의 커넥션이 있는 게 아닌지 추궁한 일을 계기로 두 사람의 관계는 루비콘강을, 아니 요단강을 건넜습니다.

신인규 그러니 친윤들에게 유승민 후보는 제거 1순위였습니다.

공희준 요주의 인물이었죠.

신인규 과도한 자신감이 이준석 대표를 오만과 방심에 빠뜨렸고, 이준석이 오만과 방심에 빠진 데 따른 최대 피해자가 경기도지사에 도전장을 던진 유승민이었습니다.

친윤석열 세력의
유승민 집단 린치

공희준 유승민이 여당 후보로 선출됐으면 민주당 후보로 출마한 김동연 전 경제부총리에게 쉽게 낙승했을 겁니다. 김은혜처럼 개표 막바지에 희대의 굴욕적 역전패를 당하지는 않았을 거예요. 더불어민주당이 지방선거에서 가장 중요한 승부처인 경기도를 지키면서 대선 패배로 빈사지경에 놓여 있던 이재명 대표가 극적으로 기사회생하는 전기가 마련됐습니다. 즉 윤석열이 이재명을 살려준 셈이었습니다.

신인규 유승민이 경선 과정에서 당한 억울함은 필설로 형용할 수 없을 지경이었습니다. 친윤들에게 집단 린치를 당하는 수준이었습니다. 저는 이준석 대표에게 묻고 싶습니다. 당대표로서 그와 같은 집단 린치 사태를 막을 힘이 진짜로 없었는지를. 막고 싶었으나 막지 못한 것인지 아니면 일부러 방치한 것인지를 확인해야 합니다.

공희준 힘이 있든 없든 간에 친윤들의 유승민 집단 린치를 막으려는 노력은 기울였어야 했습니다. 머잖아 이준석 자신도 당할 집단 린치였으니까요.

신인규 이준석은 대선을 승리로 이끌어 탄핵당한 보수가 5년 만에 정권을 되찾도록 한 당대표였습니다. 지방선거도 승리로 이끈 당대표라고 스스로를 추어올리기도 했습니다. 친윤들이 유승민에게 저지른 불공정과 폭력적 행태를 충분히 막을 힘이 있었다고 저는 봅니다. 그러나 이준석 대표는 자신이 가진 힘을 쓰지 않았습니다. 권한을 가지고도 올바르게 사용하지 못한 것이죠.

공희준 이준석의 그러한 선택을 권력의 절제라고 미화하고 정당화할 수도 있습니다. 이준석의 유승민 방치 및 유기 미스터리를 어떻게 설명하고 싶으신지요?

신인규 유승민 전 의원은 개혁보수 세력 내에서는 이준석 대표와는 경쟁자 관계에 놓여 있기도 합니다. 이준석보다 체급도 높을뿐더러 그동안 쌓아온 경력과 이력도 화려합니다. 이준석과 유승민의 그런 특수한 관계가 이준석 대표가 유승민 후보 구출에 소극적으로 임하도록 만든 측면이 있을지 모릅니다.

공희준 그걸 우리말로는 내 손에 콧물 안 묻히고 코 푼다고 합니다. 한자로는 오랑캐로 오랑캐를 다스린다는 이이제이(以夷制夷)이고요. 저는 이준석 대표가 그렇게까지 고도의 노림수가 있었다고 보지는 않습니다. 그렇지만 친윤들이 유승민을 잔인하게 조리돌림을 할 당시 이준석 대표가 입술이 망하면 이가 시리다는 순망치한의 극히 초보적 원리에 어두웠던 것만은 틀림없어 보입니다.

신인규 이준석은 당대표였습니다. 당대표 직인을 수중에 갖고 있었습니다. 바로 옥새를요. 이준석 대표는 지방선거와는 비교할 수 없을 정도로 중요한 선거였던 대통령 선거에서도 자신의 당대표직을 걸고서 당이 잘못된 길로 빠지지 않도록 막았습니다.

공희준 대선 정국에서 이준석이 두 차례나 지방으로 가출 아닌 가

출을 한 것도 결국에는 대통령 선거를 패배로 몰아갈 게 뻔한 윤석열의 횡포와 친윤들의 준동을 막기 위한 고육지책이었습니다.

신인규 대선 때도 아슬아슬한 치킨 게임을 불사했던 이준석이 지방선거에서는 좋은 게 좋다는 식이었습니다. 윤석열과 친윤의 경거망동을 막는 데 필요한 조치를 좀처럼 취하지 않았습니다. 친문들이 이재명의 대선 패배를 강 건너 불구경하듯이 용인했던 일을 연상시키는 장면이었습니다. 문재인 전 대통령이 정치검찰 윤석열의 행동을 그대로 방치하며 안이하게 대처했던 장면과 유사했습니다. 이준석은 유승민이 경선에서 억울하게 지는 일을 친문들의 사례를 반면교사로 삼아 마치 남의 일처럼 방조해서는 안 됐습니다.

공희준 6·25전쟁 때 모택동이 왜 의용군 명목으로 인민해방군을 한반도로 출동시켜 김일성을 구원했겠습니까? 북한이 망하면 중국도 위태로워지기 때문이었습니다. 순망치한의 원리를 무시하면 고립무원의 외톨이 처지에 곧 빠지고 맙니다. 그람시의 이론을 잠시 차용한다면 이준석과 유승민의 관계는 국가와 시민사회의 관계입니다. 시민사회라는 참호와 보루가 튼튼히 구축되지 않으면 국가가 흔들립니다. 유승민은 이준석을 보호해주는 해자이고 성벽이었어요. 윤석열이 그 해자를 메우고 성벽을 무너뜨리는데도 이준석이 아무 일도 하지 않았다는 게 저는 아직도 도무지 이해가 되지 않습니다.

신인규 해자 메워지고 성벽 철거되면 적군에게 함락당하는 일은 초읽기 단계에 돌입합니다.

공희준 유승민이 아무리 끈 떨어진 뒤웅박 신세가 되었어도 이준석을 위한 원병 정도는 파견해줄 능력은 여전히 됩니다.

신인규 이준석의 당대표 시절 리더십의 총체적 실패라고 봅니다. 정치는 권력을 놓고 세력 대 세력이 충돌하는 지점인데 결과적으로 이 대표가 축출된 것은 친윤들의 정치적, 법률적 비판과는 별론으로 리더십의 실패라는 본질은 그대로 남습니다.

공희준 유승민이 사라지니 이준석이 친윤들이 발사하는 직격탄을 맞을 수밖에 없었습니다.

신인규 이준석은 당원들의 당심과 일반 국민들의 민심 모두의 지지를 받으며 공정하게 치러진 전당대회에서 정당하게 선출된 정통성 있는 당대표였습니다. 더욱이 정권탈환의 선봉에 선 유능하고 업적 있는 당대표였습니다. 이준석은 그 권능과 명분을 경기도지사 경선이 공정하게 치러지는 데 사용해야만 했습니다. 그러나 끝내 그 힘을 사용하지 않았습니다.

공희준 그러면서 본인은 쫓겨났습니다. 물론 지금 시점을 기준으로 가장 많이 망가진 사람은 피해자인 이준석과 유승민이 아니라 가해자일 윤석열이지만요.

신인규 이준석 숙청의 최고 수훈갑인 정진석이 지금은 대통령 비서실장이 되어 윤석열 대통령을 지근거리에서 보좌하고 있습니다.

공희준 지방선거의 공천 실무를 총괄하는 공천관리위원장에 윤석열 대통령의 친구라 해도 무방할 정진석을 앉힌 게 이 모든 비극과 사단의 출발점이네요.

신인규 대선 후보 경선을 책임진 선거관리위원장에 윤석열의 검찰 선배인 정홍원을 앉힌 사람도 이준석이고, 지방선거 공천

업무를 주도하는 공천관리위원장에 윤석열을 지지하는 지방호족인 정진석을 앉힌 사람도 이준석이었습니다. 윤석열을 위해 멍석을 깔아준 것도 이준석이고, 판을 깔아준 것도 이준석이었습니다.

윤리위원장 이양희의 한밤의 쿠데타

공희준 야밤에 빨간 원피스 입고 나타나 젊은 당대표의 당원권을 정지시킨 이양희를 국민의힘의 중앙윤리위원장에 앉힌 것도 이준석이었습니다.

신인규 정홍원에게 당해, 정진석에게 당해, 이양희에게 당해, 이렇게 세 번을 연속으로 당하면 당한 사람에게도 문제가 있다는 시각이 제기되기 마련입니다.

공희준 이준석표 인사 참사 3종 세트네요.

신인규 처음 한 번은 단순한 실수겠지만, 동일한 잘못이 두 번, 세

번 반복되면 이는 실력입니다.

공희준 정진석 실장은 5선 국회의원에 더해 21대 국회 후반기 국회부의장까지 역임한 기득권 중진 정치인입니다. 윤석열과 이준석 사이에 불화가 생기면 십중팔구 전자에 붙을 게 확실시되는 사람이었습니다.

신인규 공천관리위원장은 정부가 아닌 당에서 임명하는 인사입니다. 따라서 정진석을 공관위원장에 임명한 최종적 책임은 이준석 대표에게 있습니다. 이준석 대표 체제 아래에서 이뤄진 국민의힘의 모든 당직 인선의 책임을 윤석열 대통령에게 미룬다면 이는 이준석 대표가 허수아비 당대표였다고 자인하는 격이 되고 맙니다. 권한은 가진 만큼 행사하는 것으로 평가받고 책임지는 것입니다.

공천관리위원장이 되어선 안 되는 사람을 공관위원장에 앉혔음에도 불구하고 대선 승리의 여세를 몰아 지방선거는 그럭저럭 승리할 수 있었습니다. 그러나 강원도지사 후보에 김진태가 뽑히고 대전시장 후보로 이장우가 결정된 공천을 개혁 공천으로 평가할 수는 없는 노릇이었습니다. 특히 김진태 강원도지사는 올해 광복절을 틈타 뉴라이트 세력에 영합하기까지 했습니다. 부산시장 박형준, 인천시장

유정복, 충남시장 김태흠. 2022년 국민의힘의 지방선거 공천은 올드 보이들의 복귀 향연이었습니다. 그 나물에 그 밥들이 득세한 공천이었습니다.

공희준 이준석 대표가 개혁 공천을 하기에는 시간도 없었고, 힘에도 부친 모양새였습니다.

신인규 말로는 개혁 공천을 외쳤지만 내실은 전혀 없었던 것이지요. 껍데기 승리로 마케팅이 끝나자 이준석 대표가 우크라이나를 직접 방문하게 됩니다.

공희준 이 대표의 우크라이나 방문을 둘러싸고 이준석 측과 용산 대통령실 사이에 논쟁이 벌어졌습니다. 용산 대통령실은 이준석이 우크라이나 가는 걸 탐탁하게 여기지 않는 눈치였습니다.

신인규 이준석이 국내에 없는 틈을 타서 용산 대통령실과 정진석이 이준석에 대한 협공에 나섰습니다.

공희준 그러한 협공이 이뤄진 때가 국민의힘 지방선거 출마자들이 받은 당선증에 잉크도 마르기 전이었습니다. 저는 이준석이 외국에 나가 있기 때문에 신속하고 효과적 대응이 어려운 시기를 틈타 친윤들이 이준석 제거 작전에 일제히 나선 모습을 보고, 1980년 5월에 최규하 대통령이 2차 오일쇼크를 맞아 원유를 구하려고 세계 최대 산유국인 사우디아라비아를 방문한 틈을 타서 비상계엄 전국 확대와 국보위 설치를 획책하던 전두환을 비롯한 신군부의 행태가 조건반사적으로 연상됐습니다. 저처럼 1980년대에 대학을 다녔던 사람들에게는 쿠데타의 기억은 여전히 현재진행형이거든요. 최규하 대통령이 아무리 힘없는 허수아비 대통령이라도 국내에서 버티고 있으면 밀어붙이기 곤란한 일들을 전두환과 노태우, 정호용과 박준병 등의 신군부 세력은 대통령의 부재를 이용해 마음껏 꾸며댈 수 있었습니다.

저는 그와 마찬가지로 이준석 대표가 한국에 있었으면 정진석이 자당의 당대표를 축출하는 일을 그처럼 쉽사리 시작할 수 있었을지 의문스럽습니다. 저는 용산 대통령실이 자기를 축출하려는 공작을 진행하고 있음을 이준석 대표가 어렴풋이나마 알았다면 절대로 외국에 나가지 말았어야 한다고 생각합니다. 비상한 시국일수록 현재 위치를 어떻게든 목숨 걸고 사수하고 있어야 하기 때문입니다. 국내를 비우는 게 아니었습니다.

신인규 이준석 대표가 출국하자마자 친윤들이 마치 그때를 기다렸다는 듯이 아주 일사불란하게 움직였습니다. 2002년 6월의 이준석은 당대표에 취임한 지 1년 가까이 되는 때였습니다. 그는 대표 재임 1년 동안 대통령 선거와 지방선거를 차례로 승리로 이끌었습니다.

공희준 2021년 4월 재보궐선거도 이준석 덕분에 승리했습니다. 이준석이 없었으면 보수는 2016년 20대 총선 이래로 계속된 연패의 사슬을 끊어내지 못했을 게 분명합니다.

신인규 이준석은 당대표로서 만들어낼 수 있는 최고의 성과물을 산출했습니다. 그런 인물이 정진석과 배현진과 이양희에게 번갈아 당하며 당원권까지 정지된 야인 신세로 전락하고 말았습니다. 왜 이런 참담한 사태가 벌어졌겠습니까? 당대표로 재임하며 최소한의 조직 장악조차 하지 못한 탓이었습니다. 그로 인해 몇 번의 공격을 받자 한순간에 무너지고 말았습니다. 제가 이준석 대표의 리더십을 겉만 화려하지 실속은 별로 없는 외화내빈의 리더십으로 평가할 수밖에 없는 이유입니다.

공희준 조직을 장악하느냐 장악하지 못하느냐에 따라 지도자와 유명인이 갈립니다. 조직을 거느리고 움직이면 리더고, 혼자 북 치고 장구 치면 셀럽입니다.

신인규 윤석열 대통령이 검사 시절부터 다른 능력은 시원치 않았는데 조직 장악 능력만은 탁월했습니다. 그가 검찰총장이 될 수 있었던 건 수사를 잘해서가 아니었습니다. 검찰조직을 확고하게 장악해서였습니다. 그는 현재까지도 검찰만은 확실하게 장악하고 있습니다.

공희준 개인기는 빵점이지만 조직력은 100점이네요.

신인규 훌륭한 리더십은 조직을 확실히 장악한 다음 그 조직을 공공의 이익을 증진하는 데 동원하고 활용하는 데 있습니다. 조직을 장악하는 역량 측면에서 이준석 대표는 윤석열 대통령은 물론이고 이재명 대표와 비교해도 열세에 있습니다. 윤석열이 검찰조직을 장악했듯이, 이재명은 민주당의 중앙조직과 지방조직을 전부 장악했거든요. 심지어 한동훈마저 이준석보다는 당의 요소요소에 자기 사람을 심는 데는 상대적으로 더 뛰어난 면모를 보여주고 있습니다.

공희준 사람들은 한동훈 체제가 오래 버티지 못할 거라고 전망하고 있는데, 그런 전망을 의식해서인지 한동훈 대표가 당의 주요 조직에 친한계로 분류되는 인사들을 열심히 심고 있습니다.

신인규 조직론의 원리에서 바라보면 자기 사람을 심는 일은 일종의 필요악입니다. 저는 이 부분에서 국민의힘 대표로서 이준석의 리더십에 대한 평가와 결론은 이미 내려졌다고 봅니다.

이준석이
'정진석의 난'에
장태완처럼 대처했다면

공희준 당내 쿠데타 진압에 실패했기 때문인가요?

신인규 '정진석의 난'이 일어났을 때 이에 대한 이준석 대표의 대응은 매우 미숙하고 부실했습니다. 과감하고 강경한 진압에 나서는 대신에 평소처럼 논쟁과 말싸움을 해버리고 맙니다. 그리고 전투의 전선을 확대함으로써 전투에서만 가까스로 이기고 전쟁에서는 완전히 패배하는 쓴잔을 마시게 됩니다.

공희준 쿠데타 세력을 상대로 배틀을 한 게 아니라 토론 배틀을 했네요. 그때 상황이 당의 대변인 선발하는 '나는 국대다'가 아니었는데. 무기만 들지 않았을 따름이지, 정치적으로 누가 죽고 누가 사느냐의 전쟁 상황이었는데.

신인규 정진석은 더는 민주적으로 토론할 상대가 아니었습니다. 정당하게 선출된 자당의 당대표를 무도하게 쫓아내려고 들고 일어난 쿠데타 세력일 따름이었습니다.

공희준 이를테면 전두환의 하나회가 1979년 12월 12일에 군사반란을 일으켰을 때 반란군과 토론을 하면 안 되죠. 전군을 즉시 동원해 일망타진해야 맞습니다.

신인규 하나회 수괴와 왜 토론을 합니까? 당장 체포해야지. 윤핵관들은 체계적이고 조직적으로 당내 쿠데타에 나섰습니다. 정진석이 그 선봉에 선 셈이었습니다. 그렇다면 어떻게 대처해야 옳았을까요? 김영삼 대통령이 하나회를 과감하게 날려버렸듯 이준석 대표가 가진 당대표로서의 정당한 권한을 행사해 그러한 불순한 움직임에 맞섰어야 합니다. 그게 리더의 책임입니다. 권한을 보유한 자가 자신의 권한만큼 절제된 힘을 행사하는 것이 리더의 역할입니다.

공희준 그런데 만약 이준석 대표가 쿠데타 진압에 나섰다면 반란의 실질적 몸통일 용산 대통령실도 쿠데타 성공을 목표로 즉시 추가적 행동에 착수하지 않았을까요? 윤석열 대통령이 이준석 대표가 정진석의 난을 진압하는 광경을 손가락 빨면서 물끄러미 무심하게 바라볼 사람은 아니잖아요?

신인규 필시 그랬겠죠.

공희준 용산 대통령실이 쿠데타 성공을 위해 공공연하게 움직였다면 국민들 눈에 선악과 시비가 오히려 명확하게 가려졌을 것 같습니다. 그때만 해도 이준석 흔들기의 몸통이 설마 윤석열 본인은 아닐 거라고 많은 사람들이 믿고 있었거든요. 왜냐면 당시에는 윤석열 대통령은 용산 대통령실 핵심 관계자라는 익명에 숨어 철저히 정체를 감추고 있었기 때문입니다. 저는 당대표 축출을 음모한 쿠데타의 몸통이 윤석열 대통령이라는 걸 이준석 대표가 명확하게 인지하고 있었는지가 무척 궁금합니다. 몰랐다면 무능한 것이고, 알았다면 소심한 것이거든요. 윤 대통령 취임 초기의 서슬 퍼런 용산 대통령실의 권력이 무서워 진압을 포기했다는 뜻이 되니까요.

신인규 그 부분이 여전히 오리무중입니다. 어떨 때는 반란군과 맞서 싸울 용기가 없었던 것처럼 보였습니다. 반대로, 주호영 비상대책위원장 직무정지 가처분 신청을 제기할 때는 매우 강단이 있었습니다. 그런데 아쉽게도 중도에 백기를 들고 말았습니다. 저는 "끝날 때까지 끝난 게 아니다"라는 믿음을 갖고서 행동하는 게 진정한 용기라고 봅니다. 인류 역사에는 그런 믿음을 갖고서 자신의 신념을 지키다 순교한 사람들의 감동적 이야기가 곳곳에 남아 있습니다. 적당히 싸우다가 적당한 순간을 골라서 싸움을 멈추는 건 참다운 용기와는 거리가 멉니다.

공희준 정치인의 용기가 있고, 군인 즉 전사(warrior)의 용기가 있습니다. 군인의 용기는 전투에서의 승리를 추구하는 용기입니다. 정치인의 용기는 전쟁에서의 승리를 지향하는 용기입니다. 당내 쿠데타가 발생했을 때 이준석 대표가 보여준 결기와 용맹은 정치인의 용기가 아닌 군인의 용기에 더 가까웠습니다. 예컨대 가처분 신청 소송 같은 특정 전투에서만의 승리를 목표로 하는 용기였습니다.

신인규 이준석 대표는 전투를 늘 유리하게 이끌어갔습니다. 그러나 전쟁에서는 판판이 승리를 놓쳤습니다.

공희준 비유하자면 적장은 이준석이 쓰러뜨렸는데 적국의 도성에는 다른 사람이 깃발을 꽂는 형국이었습니다.

신인규 전투에는 강했지만 전쟁에는 약했던 탓으로 말미암아 개혁신당으로 쫓겨나고 말았습니다. 이준석 대표가 쿠데타 진압에 실패한 핵심적 원인의 하나는 그가 '키보드 워리어'로 비판받을 정도로 순간적 말싸움과 감각적 임기응변의 힘으로 주로 성장해온 데 있습니다. 기동력에 비해 화력이 약합니다.

공희준 쿠데타 진압은 결단력의 문제입니다. 머리 좋은 사람보다는 우직한 사람이 진압을 주도해야 역도들의 무리를 조기에 분쇄할 수 있습니다.

신인규 더 중요한 이유로는 반란군 진압에 동원할 휘하의 병력이 없었습니다. 전략전술이 아무리 좋아도 실제로 전장에 투입할 병사들이 있어야 반란군과 싸울 것 아니에요? 하지만 병력 역할을 해줄 이준석 사단이 없었습니다. 이준석 대표는 자신이 구태들과는 달리 특정한 계파와 조직에 의지하지 않는다는 점을 줄곧 자랑해왔습니다. 그건 계파와 조직에 의존하지 않는 게 아닙니다. 자기 세력이 없음을 스스로 고백하는 것일 뿐입니다. 구태적인 조직을 비토하는 것과 별개로 건강한 정치세력을 확보하는 것은 정치인의 마땅한 책임이자 활동입니다.

공희준 국가의 3요소는 주권과 영토와 국민입니다. 이준석 대표의 경우에는 주권은 있는데 영토와 국민이 없는 나라를 세웠네요.

신인규 그걸 창의적인 신개념 국가로 포장하면 안 됩니다. 한시바삐 영토와 국민을 확보해야죠. 영토와 국민이 없으면 키보드 위에서만 존재하는 사이버 국가에 지나지 않습니다. 이준석 대표가 그럴 수밖에 없는 고충과 사정은 물론 있었습니다. 그는 보수 정당에 불리한 지역구 사정 때문에 계속 원외에 있었습니다. 나이 많은 기성 정치인들처럼 조직과 자금을 수월하게 끌어오기에는 아직 너무 젊었습니다. 평범한 직장생활을 해보지 못한 채 정치권에 입문을 했으니 필시 사회적 경험도 충분하지 않았고요.

그래서 저는 반문하고 싶습니다. 이준석 대표가 재선 의원이 되고, 3선 의원이 된다고 하여, 연륜과 경험이 더 쌓인다고 하여 이제껏 고집해온 기존의 정치 스타일이 달라질까요? 바뀌지 않을 가능성이 높습니다. 사람은 누구나 자기가 성공한 방법을 벗어나지 못합니다. 성공이 독이 되는 경우가 허다합니다.

공희준 저는 이준석 의원의 장단점을 다른 시각에서 톺아보겠습니다. 이준석 의원은 우리나라에서 학부, 즉 대학을 나오지 않았습니다. 미국으로 건너가 아이비리그의 대명사인 하버드 대학교를 다녔습니다. 저는 이게 정치인 이준석에게 양날의 칼이 됐다고 봅니다. 먼저 밝고 긍정적 측면은 논리와 합리성을 중시하는 미국식 '토론(Debate) 정치'를 배우고 익혔다는 겁니다. 그러나 미국에서 대학 생활을 경험한 데 따른 빛이 밝은 만큼 어둠도 짙습니다. 이준석 반대편에는 왕년에 전대협과 한총련 같은 학생운동 조직에서 잔뼈가 굵은 운동권 출신 구태 정치인들이 있습니다. 지금 청년들은 이들을 진보대학생이라고 부르며 조롱해왔습니다. 진보대학생 코드의 구태 정치인들에게는 뚜렷한 특징이 있어요. 창의력과 기획력은 꽝인데, 조직을 건설하고 세력을 확장하는 능력에서는 타의 추종을 불허합니다. 싸움만 벌어지면 즉시 출동할 병력이 항상 만선을 이루고 있어요.

제가 단도직입적으로 말해볼게요. 한국 사회에서 서울대 총학생회장 출신이 누구누구인지는 사람들이 알아도, 미국 사회에서 하버드대나 예일대나 MIT 공과대학 총학생회장을 역임한 인물들이 누군지는 그곳 사람들이 모를 거예요. 아니, 총학생회라는 조직이 존재하는지조차 의문입니다. 우리나라 학생운동이 망한 지는 이미 오래지만, 유수의 4년제 대학에서 총학생회장을 했던 경력이 여전히 정치권은 물론이고 사회 곳곳에서 요긴하게 쓰입니다. 이를테면 공기업 감사 같은 낙하산 자리에 응모할 때는요. 반면에 클린턴이 예일 대학 학생회장을 지냈다는 얘기는 제가 듣지를 못했습니다.

신인규 미국에서 특정 조직의 회장을 해본 경력을 가지고 한국에서 정치인 생활을 하는 사람을 제가 딱 한 사람 봤습니다. 뉴욕 한인회장을 지낸 박지원 민주당 의원입니다.

공희준 박지원 의원은 뉴욕에 작은 한국을 세웠습니다. 리틀 코리아를요. 한국 사람은 조직을 꾸린 다음 각종 완장을 차야 직성이 풀리는 듯합니다. 점심에 국회 건너편 서여의도 식당가에서 밥 먹는 사람들 명함을 일제히 수거해 전수조사를 실시하면 절반은 회장이고, 나머지 절반은 대표일 거예요. 한국인의 조직 본능은 유대인의 비즈니스 본능과 맞먹습니다.

신인규 이준석 의원이 미국에서 내로라하는 대학을 나왔다는 사실이 그의 직업 정치인으로서의 삶과 경력에 이제는 커다란 도움을 주지는 못하고 있습니다. 그저 처음 정치를 시작할 때 호기심에 불과한 내용일 뿐입니다.

공희준 하버드 간판이 처음에는 단연 플러스로 작용했습니다. 아무나 누릴 수 없는 확실한 차별화 요소였으니까요. 그런데 시간이 지나며 플러스 측면이 감가상각이 되면서 향후엔 점점 마이너스 측면이 부각될 것으로 예측됩니다. 비슷한 예로 서울대 출신 정치인들이 초기에는 반짝하다가 세월이 흐르며 점점 존재감이 흐려지는 것을 볼 수 있습니다. 1980년대 후반부터 2000년대 초반까지 서울대 82학번 김민석의 위상과 중앙대 82학번 이재명의 위치가 비교가 됐겠습니까? 김민석은 이미 그때 스타 중 스타였는데. 반대로, 이재명이 어디서 뭘 하고 있는지 누가 알았겠어요.

신인규 서울대 총학생회장 김민석과 중앙대 법대 장학생 이재명은 애당초 출발선부터가 달랐습니다. 김민석 의원은 30대 후반에 집권 여당인 새천년민주당의 서울시장 후보로까지 선출됐습니다.

공희준 정치인 김민석의 운세는 그 후로 10년 넘게 내리막길을 걸었습니다. 지금 젊은 유권자들은 김민석을 이재명 측근 정도로 알고 있습니다. 김대중의 기대주였다는 건 몰라요. 정치권에 진출한 서울대 출신들의 특징이 있습니다. 뒷심이 약합니다. 이는 김민석부터 안철수까지 공통적이었습니다. 이준석 의원에게 서울대 출신 정치인들과 비슷한 면모가 몇 가지 발견됩니다. 긍정적 견지로는 머리가 비상하다는 점과 언변이 뛰어나다는 점입니다. 부정적 맥락에서는 자기 사람을 만들지 못한다는 점과 뒷심이 약하다는 점입니다. 반면 잡대로 불리는 비명문대 출신들은 근성이 있습니다. 밟혀도 밟혀도 다시 솟아나는 들풀이나 잡초 같습니다.

신인규 마지막에는 근성 있는 사람이 웃습니다.

공희준 이른바 좋은 학교를 나오지 못한 정치인들은 이념이나 논리로 이기지 않습니다. 근성과 깡다구로 승리합니다. 용산 대통령실이 개입하는 바람에 설령 나중에는 깨졌더라도 이준석 대표가 정진석의 난의 강경진압에 죽기 아니면 까무러치기로 나섰어야 했습니다.

신인규 강경하게 진압할 능력과 자신감이 없었다면 타협책을 택할 수도 있었습니다.

공희준 진압에 나섰다면 이준석 대표가 아우구스토 피노체트의 군부 쿠데타로 목숨을 잃은 칠레의 살바도르 아옌데 대통령처럼 장렬하게 전사했을 수도 있습니다. 하지만 이준석은 아옌데의 경우와 달리 육체적 생명은 보존하면서 정치적으로만 순교하는 사례이기 때문에 충분히 걸어볼 만한 모험이었습니다.

신인규 쿠데타의 배후가 용산이니 이준석이 당연히 패배했겠죠. 그러나 당대표 이준석에게 정진석 하나 정도는 동귀어진을 시킬 힘은 있었습니다. 이준석 대표가 결사 항전의 자세로 임했다면 반란군 측에서도 상당한 정치적 인명 손실이 발생했을 겁니다. 이준석이 윤석열에게 승리하지는 못해도 정진석 정도는 가뿐하게 제압이 가능했습니다. 다만 전략과 전술의 실패로 졌을 뿐입니다.

공희준 저는 정진석 배후에 윤석열이 있다고 이준석이 직감적으로 알았다고 생각합니다. 이준석 대표가 용산 대통령실과의 정면충돌에는 자신감이 없었어요.

신인규 그럼 주호영 비대위를 상대로 가처분 신청 소송도 하지 말았어야 합니다.

공희준 이준석 대표는 용산 대통령실이 이준석에 대한 견제 정도에 머무를 것으로 판단했을 수 있습니다. 이준석의 정치 생명을 아예 끊어놓으려고 달려들 것으로는 미처 예상하지 못했던 것으로 보입니다. 도루 저지용 견제구 정도를 던질 줄 알았는데, 상대편 배터리는 이준석의 주루사를 처음부터 아예 작정하고 있었습니다. 공격에 나선 윤석열은 수단 방법을 가리지 않는 전면전을 염두에 뒀는데, 방어자 입장인 이준석은 제한적 국지전만 대비하고 있었습니다. 그러니 사흘 만에 북한군에게 수도 서울을 함락당한 6·25 개전 초기의 이승만 정부 같은 처지가 되고 말았습니다.

신인규 이준석 대표는 배현진과 조수진이 차례로 최고위원을 사퇴하면서 최고위원회가 붕괴하며 대표직에서 물러난 게 아닙니다. 심야에 개최된 윤리위원회의 결정을 통해 당원권이 6개월간 정지되는 중징계를 받으면서 여당 당수 자리에서 쫓겨났습니다. 이양희 윤리위원장을 누가 임명했습니까?

공희준 이준석 대표가 임명했습니다.

신인규 이는 바꿔 말하면 윤리위원장을 면직시킬, 즉 자를 권한도 이준석 대표에게 있었다는 뜻입니다. 자신이 임명한 사람을 정당한 권한을 행사해 정리하지 못해 나중에 뒤통수를 맞은 사례는 이준석 이전에 이미 뚜렷이 있었습니다. 윤석열 서울중앙지검장을 검찰총장에 임명한 다음 제때 사퇴시키지 못해 결국 정권을 내주고 만 문재인 전 대통령입니다. 자신이 윤리위원장에 임명한 이양희를 어떻게 정리해야 할지 몰라 쩔쩔매던 이준석의 모습은 자신이 검찰총장에 임명한 윤석열에게 되레 무기력하게 끌려다니던 문재인의 모습과 너무나 판박이였습니다. 자기가 놓은 덫에 자기가 걸려든 형국이었습니다. 리더십의 무능으로 실패한 지도자가 된 것입니다. 이준석도 마찬가지입니다.

누가
윤석열 강점기를
불러왔는가

공희준 이양희의 배신에 대응하는 이준석 대표의 모습은 박정희의 5·16 쿠데타에 대처하는 총리 장면과 대통령 윤보선을 합쳐놓은 것 같아 보였습니다. 쿠데타가 일어났다는 급보가 전해지자 윤보선 대통령은 "올 것이 왔다"는 식의 방관자 내지 관전자의 태도를 취했습니다. 오늘날의 종편 시사 프로그램 평론가 같았습니다. 장면 총리는 대한민국의 민주주의가 절체절명의 위기에 직면한 그 중차대한 순간에 3일 동안 수녀원으로 잠적했습니다. 쿠데타를 진압할 명분도, 병력도 있는데 진압을 지시할 군 통수권자들이 한 명은 나 몰라라 하고, 다른 한 명은 잠수를 탔습니다. 무책임의 극치였습니다. 심지어 주한미군도 진압을 지원할 의사가 명

백했는데도. 당시 기록을 보면 한국군 가운데 가장 강력한 전력을 보유한 이한빈 중장의 1군은 반란군을 진압할 출동 태세까지 다 갖춘 상태였다고 합니다. 그러면 뭐 합니까? 정권의 1인자와 2인자가 진압을 포기했는데.

이준석 대표는 윤보선과 장면의 길이 아닌 장태완 수도경비사령관의 길을 가야만 했습니다. 이준석은 쿠데타를 진압하다 억울하게 쫓겨났다는 극적인 서사를 완성하는 결단을 내렸어야 합니다. 저는 만약에 그러한 극적 서사가 완성됐다면 개혁신당의 의석이 현재의 3석이 아니라 최소한 조국혁신당 같은 두 자릿수까지는 달성할 수 있었을 거라고 확신합니다.

신인규 이준석 축출 시도가 왜 쿠데타였겠습니까? 전당대회를 거쳐 민주적으로 선출된 당대표에 대한 부당한 음해에 편승해 이준석 대표의 당원권을 무리하게 정지시켰기 때문이었습니다. 그와 같은 엉터리 징계 시도에 대해 이준석 대표는 당대표가 보유한 모든 정당하고 합법적인 수단들을 총동원해 맞섰어야 합니다. 무엇보다도 언론지형이 이준석 대표에게 나쁘지가 않았습니다. 우리나라 현대 정치인들 가운데 이준석 대표만큼 언론의 관심과 각광을 만끽한 당대표가 또 누가 있겠습니까? 그러한 권한과 영향력을 십분 활용해 이준석을 부당하게 축출하려는 당내의 불순한 세력과 일전을 불사해야만 했습니다.

제가 왜 지금 여당 당대표 시절의 이준석의 유약한 리더십을 비판하고 있겠습니까? 역사의 수레바퀴를 거꾸로 돌리려는 쿠데타가 당내에서 일어나자 장면과 윤보선을 혼종시키는 것 같은 무책임한 면모만 드러낸 이준석에 대한 문제제기를 제가 현재 어째서 하고 있겠습니까? 이준석이 여당 당수에서 축출된 후과가 너무나 엄중하고 치명적이기 때문입니다. 이준석이 윤석열의 본질과 속셈을 제때 간파하지 못한 채 그를 대통령으로 만든 결과 우리 국민은 지난 2년 6개월 동안을 고통과 분노의 시간으로 보내고 있습니다. 이준석도 불행해졌지만 국민은 더 불행해졌습니다.

공희준 저는 여기에서 아주 기묘하면서도 음산한 역사의 아이러니를 목격하게 됩니다. 황교안의 실패가 이준석을 불러들였습니다. 그런데 이준석은 당대표로 실패가 아닌 성공을 했기 때문에 윤석열을 국민의힘으로 불러들였습니다. 황교안은 실패했기 때문에 역설적으로 좋은 일을 했고, 이준석은 성공한 탓에 도리어 불행한 결말을 가져왔습니다. 이준석 대표 체제에서 국민의힘이 역동적이고 미래지향적 면모로 일신되니까 윤석열이 거기에 숟가락을 꽂고 싶다는 충동을 느꼈습니다. 만약 이준석 아래에서도 보수가 계속 죽을 쒔다면 윤석열은 중도 성향의 독자 신당을 창당하는 방향으로 움직였을 가능성이 큽니다. 그럼 윤석열에게 토사구팽을 당하는 성공의 저주가 이준석에게는 없었을 테고요. 이준석이 당대표로서 어정쩡하게 성공했다면 국민의힘의 대선 후보는 홍준표나 유승민이 됐을 것으로 짐작이 됩니다. 윤석열은 야당이 이준석 덕에 탄핵의 강을 건너 완전히 소생한 광경을 확인하고서야 국민의힘 입당을 결정했거든요.

신인규 당대표 이준석의 성공이 대통령 윤석열의 탄생으로 이어진 건 틀림없습니다. 그러나 대통령 윤석열이 등장한 이후 나라 꼴이 어떻게 됐습니까? 이준석 의원이 국민의힘을 나와 마침내 원내 입성에 성공했지만 현재의 나라 상황과 자신의 처지에 대해 행복해하는지 아니면 불행해하는지에 대해선 제가 정확히 모르겠습니다. 거대 야당의 원외 당대표에서 군소 정당 소속의 현역 국회의원으로 좌표가 급변했거든요.

나라 전체를 기준으로 생각한다면 비극과 불행이 우리들 눈앞에서 생생하게 펼쳐지고 있습니다. 이준석이라는 플랫폼을 영악하게 활용한 윤석열이 대통령에 당선된 결과입니다. 저는 이준석 의원과 그의 지지자들이 재보선과 대선과 지방선거에서의 이준석의 활약상이 아니라, 이준석이 탄생시킨 윤석열 정권의 공과에 이제는 시선을 돌렸으면 합니다. 이준석 대표가 안이하게 대처하거나 판단 착오를 일으킨 일들이 눈덩이처럼 불어난 탓입니다.

공희준 친윤 세력의 당내 쿠데타에 대한 미온적 대처 같은?

신인규 예, 그렇습니다. 그 책임을 이준석만 지고 있지를 않아요. 애꿎은 국민들까지 덩달아 대가를 치르고 있습니다. 이준석 대표는 자신이 그 탄생에 앞장선 윤석열 정권이 나라를 엉망진창으로 만든 데 대해 여태껏 제대로 된 사과를 한 적이 없습니다. 이준석에게 책임을 요구하는 것은 과거에 대한 철저한 성찰적 복기입니다. 그런데 그런 게 전혀 없어요. 국민에 대한 미안함도 없고요. 오로지 자기가 당한 피해에만 집착적으로 매달리는 모습인데 그건 지도자의 자세가 아닙니다. 무능하고 이기적인 태도예요.

공희준 윤석열 정권의 최대 피해자로 여전히 각인돼 있지요.

신인규 공희준 컨설턴트님께서는 "과거를 규정하는 자가 미래를 규정하고, 미래를 규정하는 자가 현재를 규정한다"는 문제의식에 입각해 저와의 대담집을 기획하셨습니다. 그래서 저도 이준석 의원이 '윤석열 대통령 만들기'를 주도한 자신의 과거를 어떻게 규정하고 있는지를 이 책을 통해 묻고 싶습니다. 이준석은 이와 같은 과거 규정과 관련해서는 제대로 된 사과와 해명은 물론이고 구체적 설명과 언급조차 없었습니다. 윤석열 강점기가 2년 6개월째 계속되고 있는데 무한책임은커녕 단순한 책임조차 느끼지 못하는 것으로 보입니다. 성찰과 반성이 없는 정치인은 매우 위험합니다.

공희준 김종인 위원장은 본인이 박근혜 대통령 만들기에 앞장섰던 일에 대해 "내가 사람을 잘못 봤다"고 솔직히 인정했습니다.

신인규 이준석이 윤석열에게 모질게 토사구팽을 당했음에도 불구하고 윤석열 대통령 만들기에 대한 이준석 의원의 사과와 해명이, 설명과 언급이 없기 때문에 유권자들은 개혁신당에 3석밖에 줄 수가 없었습니다. 윤석열 정권 치하에서 많은 사람들이 고통스러워하고 있습니다. 이준석이라는 정치인은 책임이 전혀 없습니까? 심지어 현직 변호사인 저마저도 이 정권 때문에 너무 고통스러워요.

국민들이 느끼는 고통에 대해 이준석은 진솔하게 성찰하고 깊은 책임감을 느껴야 합니다. 그러한 성찰과 책임이 없다면 대다수 국민은 이준석을 윤석열과 한통속으로 생각하게 마련입니다. 영부인의 명품 백 수수 의혹에 대해 특검이 필요 없다는 식으로 설명한다거나 용산의 공천 개입을 인정하지 않으려는 태도보다 윤석열 정권 탄생에 대한 반성과 성찰이 없으니까 이준석과 윤석열의 '석열동맹' 부활을 염려하는 국민들이 많아지는 겁니다.

공희준 그런데 이준석은 윤석열에게 가장 먼저 당한 사람입니다. 윤석열 정권의 실패와 과오에 대해 공동책임을 지라고 요구하기에는 윤석열에게 제일 먼저 봉변을 당한 피해자 측면이 강합니다.

신인규 현 정권 출범 이후 보수 안에서 제일 먼저 해코지를 당한 사람은 경기도지사 선거 국면에서의 유승민 전 바른정당 대표입니다. 이준석 대표는 유승민 다음 순번이었습니다. 당원권을 정지당해 쫓겨날 당시에 이준석은 국민의힘 당대표 임기가 1년 정도 남아 있었습니다. 그가 어떻게든 당대표직을 유지해 남은 1년을 지혜롭고 효과적으로 활용했다면 당도 나라도 지금과는 비교할 수 없을 정도로 상황이 좋았을 거예요. 윤석열 대통령이 집권 여당까지 완전히 수중에 틀어쥐고서 현재 같은 폭주와 일방통행을 하지는 못했을 테니까요.

한편, 정치를 피해자와 가해자의 개념으로 보면 안 된다고 생각합니다. 피해자 운운하는 것은 사법의 용어입니다. 정치의 사법화를 막기 위해서라도 정치의 영역에서 피해자와 가해자라는 설명 방식은 지양하기를 바랍니다. 정치에서는 한 번 피해자도 없고 영원한 피해자도 없습니다. 권력을 놓고 비합법적으로 다툼이 일어난 일인데 정치력이 없었던 점을 반성한다면 더 좋은 정치를 할 기초를 가지게 된다고 생각합니다.

공희준 상황을 윤석열의 관점에서도 한번 바라봐야 하지 않을까요? 이 세상에 핑계 없는 무덤 없듯이 윤석열에게도 뭔가 말하지 못할 고충과 사연이 있을 수 있거든요. 윤석열 대통령이 이준석 대표를 실권 없는 핫바지 대표로 만들어 1년 정도를 더 갔다면 욕도 덜 먹고, 자기 의도도 훨씬 더 수월하게 관철할 수 있었습니다. 윤 대통령은 쉽게 갈 길을 일부러 어렵게 간 셈입니다. 더군다나 정진석의 난에 대해 초동 단계에서 강경진압에 나서지 않은 광경을 참작하면 이준석 대표는 실권 없는 바지 대표로 1년쯤 있는 데 대해 크게 반발했을 것 같지도 않았고요. 저는 윤 대통령이 이준석 당대표 체제의 조기 종식에 왜 그렇게 편집광적으로 집착했는지 여전히 의아합니다. 윤석열이 이준석을 극도로 증오할 만한 특별한 사건이나 별다른 계기가 눈에 띄지 않거든요.

신인규 저는 두 가지 부분에 착안하고 싶습니다. 첫째는 윤석열 대통령이 이준석 대표에 대해 너무나 잘 알고 있다는 점입니다. 윤석열은 이준석이 언론 플레이에 능하고 여론을 잘 다룬다는 사실을 일찌감치 꿰뚫고 있었습니다. 이준석이 탁월한 선거기술자이자 홍보 전문가라는 사실에도 윤석열은 일찍부터 주목했습니다.

공희준 윤석열이 이준석에 관해서만은 적을 알고 나를 아는 지피지기에 투철했네요.

신인규 둘째는 윤석열이 용기가 부족한 지도자라는 점입니다.

공희준 밖으로는 엄청 배짱이 두둑해 보이는데 실제론 그게 아니었군요.

신인규 윤석열 대통령은 자신감이 부족한 사람입니다. 이준석을 핫바지로나마 당대표직을 유지하도록 하라는 소리는 이준석이 윤석열에게 불리한 언론 플레이를 해도 관대하게 눈 감아주라는 말이기도 합니다. 한데 윤석열은 그런 이준석이 옆에 있으면 불안해서 견디지 못하는 성격이었습니다. 겁이 많은 사람인 '겁보'였습니다.

공희준 인간의 유형은 다양한데 그중에는 소심하면서도 무자비한 사람이 있습니다. 윤 대통령은 아무래도 그런 성격의 소유자인 듯합니다.

신인규 겁이 많을수록 외려 목청은 높은 법입니다. 용기와 자신감이 있는 대통령이라면 이준석이 당대표로 있으면서 뭐라고 떠들든 개의치 않고 1년 동안 놔뒀다가 대표 임기가 끝나는 즉시 자기 사람들로 당을 조용히 접수했을 겁니다. 그게 대선 기간에 윤석열이 당의 주요한 선거운동조직을 장악한 방법이었습니다. 대선 때 보였던 용기와 자신감을 막상 정권을 잡고는 보여주지 못했습니다.

공희준 의원총회장에서 이준석을 향해 엄지손가락을 치켜들었던 대선 후보 윤석열의 배포는 어디서 비롯됐을까요? 젖 먹던 힘까지 다해 이 악물고 쥐어짜낸 용기였을까요?

신인규 대통령 선거 국면에서는 선택의 여지가 없으니까요. 선거에서 지면 그야말로 멸문지화를 당하지 않습니까?

공희준 한국의 대선은 멸문지화를 각오한 사람들만이 후보나 후보 최측근으로 참여할 수 있는 제로섬 게임의 무대입니다. 멸문지화를 각오할 배짱이 없으니 고건 전 국무총리나 반기문 전 국제연합(UN) 사무총장 같은 샌님들은 중간에 레이스를 포기하고 말았습니다.

신인규 대통령이 되어 권력을 잡자 선택의 폭이 확 넓어졌습니다. 멸문지화를 걱정할 일도 없으니 이준석에게 굳이 매달릴 필요성이 사라졌습니다.

공희준 이준석 대표가 윤석열 대통령의 자존심을 자주 긁기는 했습니다. 그건 저도 인정합니다.

신인규 이준석의 생사여탈권을 쥔 상황에서 대통령 윤석열은 당대표 이준석을 상대로 노련한 회유책을 구사할 수도 있었는데, 윤석열은 이준석에 대한 과도한 공포감에 계속 사로잡혀 있었습니다. 그러니 한시바삐 제거하는 것만이 능사라고 판단했습니다. 무리한 정치적 폭거를 시도했던 것이죠.

윤석열은 그 후과를 지금까지도 치르고 있습니다. 앞으로 치러야 할 대가와 비용은 지금보다 더 클 것입니다.

Part 6

정진석 비대위의 잃어버린 6개월

악연과 비극의
출발점
박근혜 비대위

공희준 저는 이준석 대표가 이양희 성균관대 명예교수를 국민의 힘 중앙윤리위원장에 임명한 일이 이상하게 찜찜했습니다. 이준석 대표가 집에 돈 들여 세콤까지 다 설치한 다음 가장 중요한 문단속을 하지 않고 외출하는 것 같은 느낌이었습니다. 이양희 교수처럼 우리 사회에서 나이 많고 출세한 사람들 대부분에게는 공통된 특색이 있습니다. '이기는 편, 우리 편'이라는 점입니다. 그렇기 때문에 다른 자리는 몰라도 당의 윤리위원장에는 이기는 편이 우리 편인 인간이 아니라, 정의로운 편이 우리 편인 사람을 무조건 앉혀야 합니다. 이준석 대표는 그 중요한 대목을 띄엄띄엄 읽었습니다. 저는 한편으로는 이준석 대표의 고충이 느껴져 짠하기도 합니다. 보수진영에 얼마나 사람이 없으면 이양희 같은 인사를 당내의 사법부 수장에 기용했겠습니까?

신인규 이준석과 이양희의 인연은 나름 오래된 인연입니다. 두 사람이 한나라당의 박근혜 비상대책위원회에서 비대위원 자격으로 함께 활동했기 때문입니다. 두 사람 외에도 김종인 전 보건사회부 장관, 이상돈 중앙대학교 명예교수 같은 인사들이 박근혜 비대위에 합류했었습니다.

공희준 이준석 의원과 이양희 교수가 박근혜 비대위 입사 동기인 셈이네요. 이준석 대표도 자신과 낯익은 사람들과만 어울리는 성향이 은근히 있습니다.

신인규 정치인 이준석이 우리나라 제도정치권에서 가진 인재풀의 범위가 그리 넓지 않습니다. 이준석 의원은 오랫동안 원내에 진입하지 못했습니다. 한국 정치에서 원외 인사가 폭넓은 인맥을 구축하기는 현실적으로 매우 어려운 일입니다.

공희준 설상가상으로 이준석 대표는 대학도 미국에서 다녔고요. 한국 정치권에선 학맥이 굉장히 중요한 요소입니다. 오죽하면 국회에서도 의원들과 당직자들끼리 모여 소속 정당을 초월해 연고전을 하겠습니까. 해괴한 일이죠.

신인규 제가 만약 주요 정당의 당대표를 한다면 윤리위원장으로 적합한 분들을 여럿 섭외할 수 있습니다. 저는 대한변호사협회에서 각종 직책을 가지고 활동했습니다. 전관 출신의 원로 변호사부터 새로 개업한 젊은 신진 변호사까지 세대와 지역을 초월해 다양한 법률 전문가들을 알고 있습니다. 대한변협 회원으로 이미 수만 명의 현직 변호사들이 가입해 있는 덕분입니다. 반면 이준석 대표는 이른 나이에 여당 비대위원이 됐습니다. 정치권 외의 분야에서 폭넓은 사람들과 교류하며 사회적 보폭을 넓힐 수 있는 시간이 부족했습니다. 정치권이 그의 주요한 활동 공간이 됐는데, 여의도에 때 묻지 않고 사심 없는 인간이 과연 몇이나 되겠어요?

공희준 이양희 교수가 이철승 전 신민당 대표의 딸입니다. 그런 영향이 조금은 있지 않았을까요?

신인규 제가 아주 조심스럽게 추측하자면 김종인 위원장이 이양희 교수를 이준석 대표에게 천거했을 가능성도 전적으로 배제하기는 어렵습니다. 두 사람이 박근혜 비대위에서 나란히 활동했을 뿐만 아니라 김종인과 이양희 모두 유명 정치인의 가족이라는 공통분모가 있기 때문입니다.

공희준 이양희 교수를 이준석 대표에게 누가 추천했는지는 당사자인 이양희와 이준석만이 알겠죠. 그런데 김종인 위원장에게는 흥미로운 점이 있습니다. 제가 김종인 위원장의 회고록인 『영원한 권력은 없다』를 최근에 처음부터 끝까지 전부 통독했는데 김 위원장은 김대중 전 대통령과 김영삼 전 대통령에게 굉장히 부정적이었습니다. DJ와 YS에 대해 긍정적으로 평가해놓은 내용이 책에 거의 없어요. 이철승 전 의원은 유신정권 말기 신민당 대표 시절부터, 1987년 대통령 직선제 개헌 투쟁 정국에서 신한민주당으로부터 통일민주당이 갈라져 나올 때까지 양김과 줄곧 대립하고 갈등했습니다. 이철승 전 의원의 딸이라는 점이 김종인 위원장에게 점수를 따는 데 플러스가 됐으면 됐지 마이너스가 되지는 않았을 듯합니다.

신인규 저는 이준석과 김종인이 한 몸이 아닌지 하는 생각을 종종 합니다. 일례로 올해 총선에서 개혁신당 총선관리위원장은 다른 누구도 아닌 김종인이었습니다. 김종인 위원장은 방송에 출연할 때마다 거의 매번 이준석 의원에 대한 신뢰와 기대감을 표명합니다. 국민의힘 시절에는 김종인 비대위원장이 물러난 직후에 이준석 의원이 당대표가 됐습니다.

공희준 김종인 위원장이 이양희 교수를 만에 하나 아끼는 입장이었다면 이준석 대표가 그를 윤리위원장에서 해촉하기가 부담스러웠을지 모르겠습니다. 스승이 아끼는 사람을 자르는 건 스승에 대한 항명이나 하극상으로 읽힐 수 있거든요.

신인규 제가 이준석 대표였다면 자기를 음해하는 세력과 그러한 음해에 동조하는 사람들에 대해서는 모든 수단들을 총동원해 이유를 불문하고 강경한 조치를 취했을 것입니다.

공희준 음해에 동조하는 사람들 중에는 이양희도 포함되겠네요.

신인규 그렇죠. 이양희 교수는 자신을 윤리위원장에 임명했던 당대표를 수사기관에서 아무런 결정을 내리지 않았음에도 불구하고 품위 유지 의무를 위반했다는 이유로 당대표직에서 몰아냈습니다. 전 세계의 정상적 민주국가들 가운데에서는 그 유례를 찾아보기 힘든 폭거였습니다. 매우 나쁜 선례를 남겼다고 생각합니다.

공희준 저는 이양희 교수는 이기는 편 우리 편인 사람일 뿐이라고 봅니다. 그는 한국 사회에서 출세하고 성공한 나이 많은 사람의 표준형일 따름입니다. 그런 사람들에게는 고대 아테네의 소피스트 트라시마코스의 궤변처럼 권력이 있다는 것은 곧 정의롭다는 뜻입니다. 이준석 숙청이 용산 대통령실의 의중이라는 점이 분명해진 상황에서 대세추종형 인간 이양희에게는 달리 선택의 여지가 없었습니다.

신인규 이준석은 이양희의 정체성을 알았을 테고, 그렇다면 대표로서 정당한 권한을 행사해 그를 윤리위원장에서 해임함으로써 본인의 당대표직과 당의 자율성을 지켰어야 합니다. 자기 자신을 위해서라기보다는 윤석열 정권이 미래에 가져올 해악을 미리 파악했다면 자신에게 주어진 당내 권한을 통해 윤석열의 당 장악을 어떻게든 막았어야 했습니다. 그것이 정치인에게 주어진 공적인 책임과 역할입니다. 현실과 미래를 꿰뚫어보는 통찰과 역사적 책임의식이 부족했다고 봅니다.

공희준 하지만 이준석 대표는 이양희를 자르지 않음으로써 본인의 커다란 도량과 대인적 풍모를 과시하고 싶었던 것으로 보입니다.

신인규 폼만 잡다가 끝난 거죠. 그 결과 당대표직에서 쫓겨났습니다. 결국 당에서도 쫓겨났습니다. 용산의 폭거에 대한 무저항주의는 결국은 이준석 자신의 선택이었습니다. 그러한 선택에 대해 본인이 책임을 져야죠. 억울한 무고를 당했으면 그러한 무고에 부화뇌동하는 윤리위원장을 당연히 즉각 잘랐어야 합니다. 그뿐만 아니라 징계를 청원했던 자들에 대해서도 전원 무고죄로 고소해야 했습니다.

공희준 이준석 대표를 겨냥한 불미스러운 의혹을 제기한 인사들 중에는 영부인 김건희 여사의 팬클럽 '건희 사랑'의 대표인 강신업 변호사도 포함돼 있지 않았나요?

신인규 예, 있었습니다. 강신업 변호사와 극우 유튜브 채널 〈가로세로연구소〉 패거리들이 주동을 했습니다.

공희준 강용석과 김세의.

신인규 예. 그 유명한 김 모 변호사도 있었고요.

공희준 김 모 변호사도 참 재밌는 사람인데 걸핏하면 다른 사람을 명예훼손으로 고소하는 게 특기인 분이라 더 이상의 자세한 언급은 하지 않겠습니다. 강신업은 바른미래당 시절에 손학규 대표가 인재로 영입한 사람이었습니다. 안철수도 그렇고, 손학규도 그렇고, 윤석열도 그렇고 서울대 출신 정치인들은 왜 그렇게 사람 보는 눈들이 희한한지 모르겠어요. 2022년 상반기에는 강신업 변호사가 김건희 여사와 아주 가까운 관계라는 사실이 이미 널리 알려진 후였습니다. 강신업 뒤에 김 여사가 있을 가능성을 생각하면 이준석 대표는 더더욱 항전 의지를 불태웠어야 맞지 않나요?

신인규 예, 맞습니다.

공희준 세간에서는 이준석을 싸움꾼으로 묘사하는데, 제 기준으로는 이준석은 결코 투사형 정치인이 아닙니다. 이준석 대표가 토론을 즐기고, 말싸움에 능한 게 그런 착시 현상을 불러왔다고 저는 생각합니다. 정치에서 싸움의 본질은 상대와 세력과 세력으로 죽기 살기로 부닥치는 데 있습니다. 진정한 싸움꾼은 누구 하나가 완전히 나자빠지는 진검 승부를 요리조리 피하지 않습니다. 정치인 이준석은 세력과 세력의 충돌을, 전부 아니면 전무의 제로섬 게임을 즐기지도 자청하지도 않아요. 총선에서 승리해 국회의원에 당선된 이후 이준석의 모습을 뉴스나 유튜브 등에서 종종 보면 아주 행복한 표정을 짓고 있더라고요. 결과적으로 마삼중의 오명을 떼어내고 원내 입성에 성공했으니 윤석열 대통령과의 정면 대결을 회피했던 2022년 여름의 결정을 이준석 의원이 지금 후회하고 있을 것 같지는 않습니다. 왜냐면 우리나라 정치가 내 발로 걸어 나가면 실패하고, 강제로 축출당하면 성공하거든요. 김종필 전 국무총리는 김영삼 전 대통령에 의해 민주자유당에서 사실상 쫓겨난 덕분에 자유민주연합을 창당해 김대중 전 대통령과 함께 DJP 연합으로 집권에 성공했습니다. 반대로, 이인제 전 의원은 이회창에게 실질적으로 접수된 신한국당을 스스로 걸어 나간 탓에 실패했습니다.

이준석의
돌연한 철수

신인규 이준석 대표는 그의 당원권을 정지시킨 윤리위원회의 결정에 대해서 이의 제기를 하지 않고 순순히 감수하는 선택을 했습니다. 그 후 국민의힘은 새로운 당대표를 선출하는 절차에 착수했습니다. 그러자 이준석은 '전국위원회 효력정지 가처분'을 신청해 이 과정에 제동을 밟으려 시도했습니다. 이 가처분이 받아들여짐으로써 주호영 비대위는 자동적으로 해산됐습니다. 이게 이준석과 제가 승리했던 1·2차 가처분 신청입니다.

공희준 그렇지만 3차 가처분 신청에서는 졌습니다.

신인규 1차와 2차 가처분 신청이 법원에 의해 인용되자 윤핵관들은 당헌을 개정하는 작업에 즉시 돌입했습니다. 법원의 판결을 농락하는 꼼수를 부렸습니다. 이때 도입된 핵심적이면서도 악명 높은 내용이 "청년 최고위원을 포함한 선출직 최고위원 5명 중 4명이 사퇴하면 비상상황으로 본다"는 규정이었습니다. 주호영 비대위 해산 때 당했던 낭패를 되풀이하지 않으려는 속셈이 담긴 개정안이었습니다.

공희준 그 4명의 머릿수를 채우려고 배현진 의원과 조수진 의원이 줄줄이 최고위원직을 사퇴했던 기억이 납니다. 미증유의 엽기적인 '기획 사퇴'이자 '의도된 비상'이었습니다.

신인규 정진석 비상대책위원회 체제는 그러한 꼼수 당헌과 기획 사퇴에 업혀 등장했습니다. 저희는 당연히 정진석 비대위에 대해서도 세 번째로 효력정지 가처분 신청을 제기했는데 이번에는 기각되고 말았습니다. 이준석 대표는 더 이상의 법정 투쟁을 포기하고 모든 소송전에서 손을 떼버렸습니다.
일단 소송을 시작했으면 항소를 해야 합니다. 고등법원은 물론 대법원까지 갈 각오를 했어야 옳았습니다. 그렇게 끝장을 볼 요량이 아니었다면 주호영 비상대책위원회를 상대로 제기한 가처분 신청 소송에서의 승리에 만족하며 여기에 정치적 상징성을 부여하면서 법적인 다툼에 종지부를 찍어야만 했습니다.

그런데 1심인 지방법원에서 패소하자마자 곧바로 백기를 들었어요. 마치 의사가 수술실에서 환자의 배를 개복한 다음에 갑자기 수술실을 뛰쳐나가 종적을 감춘 격이었습니다. 최소한 환자의 배를 꿰매고는 가야죠. 아니면 처음부터 환자를 다른 병원으로 보내든가요. 그것 역시 책임의 일종입니다.

공희준 가처분 신청 소송에서 진 후 이준석 대표는 윤핵관 중 윤핵관인 장제원을 대상으로 지루한 소모전에 나섰습니다. 윤 대통령이 이 대표를 네티즌들 표현을 잠시 빌리자면 극딜한 체리따봉 이모티콘 사건에도 불구하고 이준석은 윤석열에 대한 직접적 공격을 여전히 자제했습니다. 저는 장제원만 집중적으로 물고 늘어지는 이준석의 모습에서 과거 베트남전쟁 당시에 미군이 북위 17도선을 기준으로 획정된 군사분계선 북쪽의 월맹 본토로는 진격하지 못한 채 그 남쪽인 월남 밀림에서 베트콩들을 상대로 의미 없는 소모전을 펼치던 일이 떠올랐습니다. 상대의 본진을 치지 못하는 전쟁에서는 도저히 이길 수가 없는데, 그 무렵의 이준석에게 용산 대통령실은 북위 17도선 이북의 북베트남 영토처럼 지상군을 투입해 공격해서는 안 될 군사용어에서 말하는 성역이었던 듯싶습니다. 김 여사의 최측근으로 통하는 인물이 이준석을 당대표직에서 낙마시킨 소위 성상납 의혹을 앞장서서 떠들고 다녔는데도요. 제가 이준석 대표였다면 대통령실 경호처 경호원들에게 입틀막을 당하는 한이 있더라도 용산 대통령실 청사 정문 앞에서 "윤석열 나와라!"를 외쳤을 거예요. 적의 심장부를 직격하는 종심돌파야말로 저희 같은 구태 86세대가 오랫동안 애용해온 검증된 전투 방식이거든요.

신인규 이준석 대표에게는 그때까지도 전면전은 고려 대상이 아니었습니다. 제한전만 염두에 두고 있었습니다. 설마 윤석열이 자기를 그렇게까지 정치적으로 죽이려 들리라고는 미처 생각하지 못했거든요. 그러한 오판이 당대표직에서 쫓겨난 이후에도 윤석열 대통령에 대한 직접적 비판과 공격을 자제하는 원인으로 작용했습니다. 2022년 여름과 가을이면 총선이 1년 6개월 정도 남은 시기였습니다. 이준석 대표는 국민의힘을 중심으로 하는 보수진영에서 정치를 계속하겠다는 마음가짐에는 변함이 없었습니다. 따라서 윤석열 대통령과의 관계에서 루비콘강을 건너지는 않으려 했습니다.

타협의 가능성과 봉합의 여지를 남겨두려 했습니다. 윤 대통령의 대선 후보 시절에 두 사람은 두 번이나 극적으로 화해한 적이 있었습니다.

공희준 첫 번째는 울산의 어느 식당에서 사이좋게 어깨동무한 모습으로, 두 번째는 평택에서 순직한 소방관 빈소로 이 대표가 운전하는 자동차에 윤 대통령이 동승한 모습으로 두 사람의 화해를 증명했습니다. 이준석 대표는 당대표직에서 축출된 후에는 권성동, 장제원, 박수영, 김정재, 장예찬 같은 사람들과는 요란하게 싸울지언정 윤석열 대통령이나 김건희 여사와는 다투는 모습을 외부로 드러내지 않으려 했습니다. 세 번째의 극적인 화해의 성사를 의식했기 때문입니다.

제가 그 무렵 '김제동 트리오'가 윤석열 정권을 말아먹는다고 일갈했었습니다. '김건희-장제원-권성동' 트리오가요. 제가 창안한 이 표현을 더불어민주당 소속 모 정치인이 저작권자인 저에게는 알리지도 않은 채 무단으로 가져다가 요긴하게 써먹더군요.

신인규 이준석은 '제동'이와만 싸웠습니다. 김건희에 관한 직접적 언급은 최대한 피했습니다.

공희준 김건희가 윤석열에게는 역린이자 아픈 손가락이자 최고존엄일 테니까요.

신인규 그즈음까지는 이준석 대표가 한동훈 당시 법무부 장관에 대한 부정적 거론도 하지 않았습니다.

공희준 지금은 이준석 의원이 '한모닝' 수준으로 한동훈 현 국민의힘 대표를 매일 아침 모닝커피 마시듯 일상적으로 비판하고 있습니다. 주위의 거센 주전론을 물리치고 윤석열을 상대로 나 홀로 주화론을 고수하던 이준석의 모습이 저는 굉장히 짠하고 애처로웠습니다.

신인규 이준석 대표는 총선이 임박해서는 윤석열 대통령이 그를 다시 찾을 것이라는 희망과 기대감이 있었습니다. 결과적으로는 헛된 희망이 된 셈이지만요.

공희준 저는 이준석의 그런 유화론적 시각이 1938년 가을에 체코슬로바키아 북서쪽 국경지대이자 전략적 요충지인 주데텐란트를 둘러싼 위기가 발생했을 당시 뮌헨 협정으로 히틀러의 나치 독일에게 굴욕적 양보를 하는 길을 택했던 영국과 프랑스만큼이나 안일한 판단이라고 봤습니다. 이준석이 바랐던 윤석열과의 3차 화해가 성립된 후에 이 대표가 윤 대통령에게 한 번 더 뒤통수를 맞았다면 이준석은 '한국 정치의 네빌 체임벌린'으로 영원히 박제가 됐을 게 틀림없습니다.

이준석이 엄청나게 똘똘하고 영리한 정치인임은 분명합니다. 공부도 무척 많이 하는 것 같고요. 그런데 이공계 전공자들에게서 흔하게 발견되는 단점이 이준석 의원에게서도 종종 발현되곤 합니다. 인간의 본성에 대한 깊은 식견과 인문학, 즉 문사철에 대한 축적된 내공이 아직은 부족해 보입니다. 인문학이, 문사철이 뭐 대단한 학문이 아닙니다. 인간에 대한 통찰이고, 사람에 관한 감별입니다. 나와 끝까지 고락을 함께할 사람이 누구인지 구분해내는 기술이자, 결정적 순간에 내 뒤통수를 칠 인간이 누구인지 사전에 꿰뚫어보는 안목이에요.

신인규 사람을 알아보는 기술, 이것은 정치를 하려면 단연 중요하게 요구되는 소양이고 자질입니다. 결국 정치도 사람이 하는 거니까요.

공희준 요즘은 어떤지 모르겠는데 이준석 대표가 자기가 어떤 프로그램을 직접 코딩했다고 자주 자랑을 했습니다. 저는 이준석이 코딩할 시간에 이를테면 고려 말에 일연 스님이 지었다고 하는 『삼국유사』를 한 줄 더 읽었으면 합니다. 이준석이 코딩을 하든 말든 그게 정치적으로 무슨 의미가 있겠어요? 이준석이 나라를 흥하게 할 사람은 누구이고, 나라를 망가뜨릴 인간은 누구인지 조기에 식별할 안목을 기르는 게 코딩과 견주어 백배는 중요하지요.

신인규 코딩은 굳이 정치인 이준석이 아니어도 할 사람이 많이 있습니다.

윤석열 정권 망가뜨린
배타적 뺄셈의 정치

공희준 정진석 비대위 체제가 등장하고 김기현 체제가 출범하기 전까지 반년가량의 시간이 흘러갔습니다. 6개월 정도였거든요. 저는 이 시간을 '읽어버린 6개월'이라고 규정하겠습니다. 국가적 층위에서도 윤석열 정권 심급에서도 헛되이 무의미하게 흘려보낸, 너무나 귀중했던 6개월이기 때문입니다. 저는 이 잃어버린 6개월 동안 윤석열 정권은 사실상 망했다고 봅니다. 윤석열 정부도, 국민의힘도 특별히 한 일이 없어요. 별달리 기억할 만한 성과도 없고요. 신인규 위원장님과 제가 지금 대담을 진행하면서도 이준석 대표와 윤핵관들 간의 다툼과 갈등을 빼놓으면 정부 여당 차원에서 중요한 국가적 의제를 던지거나, 두고두고 깊은 영향을 미칠 중차대한 정치적 로드맵을 제시한 경우가 없습니다.

신인규 사회적으로는 2022년 10월 29일 늦은 밤에 핼러윈 데이 참사가 발생하면서 나라 전체가 한동안 깊은 슬픔에 빠졌습니다. 그때 보수는 다른 세상을 살고 있는 사람들 같았습니다. 권성동에서 장제원으로 권력 이동이 일어난 게 보수에서 생겨난 거의 유일한 특기할 만한 변화 아닌 변화이고, 혁신 아닌 혁신이었습니다.

공희준 유례없고 충격적인 참사를 계기로 국가를 대대적으로 혁신해야 하는 바로 그때, 엉뚱하게도 윤핵관들끼리 서로 혁신을 하고 또 혁신을 당하고 있었네요.

신인규 윤핵관들 내부에서의 헤게모니 변동이 일어나며 이준석과 장제원이 한층 더 날카롭게 대립각을 세웠습니다. 이듬해 3월 8일 치러질 예정인 전당대회를 앞두고 차기 당권을 잡기 위한 주도권 경쟁이 한층 더 치열해졌기 때문입니다.

공희준 윤석열 정부가 어떤 일에 중점을 두었다면 임기 초반의 6개월을 잃어버리는 어이없는 대실수를 저지르지 않을 수 있었을까요?

신인규 무엇보다도 핼러윈 데이 참사와 관련해 신속한 진상 규명과 사건 책임자에 대한 엄중한 처벌이 이뤄져야만 했습니다. 이게 참사에 대한 기본적 수습책이었습니다. 그러나 윤석열 정부는 거꾸로 갔습니다. 이상민 행정안전부 장관 수호에 총력을 경주하는 양상이었습니다. 이 와중에 용산 대통령실에서 행정관을 포함한 수십 명이 옷을 벗었습니다. 내부적인 권력투쟁이 가일층 격화됐습니다. 윤석열 대통령은 권력 기반이 취약합니다. 이 정권의 본질이 호족연합체이자 이익결사체인 탓입니다.

공희준 박근혜와 최순실을 얽어놓은 경제공동체가 윤석열 정권에서 그 범위를 더 확장해 재등장한 느낌마저 있습니다.

신인규 윤 대통령 일행이 근본적으로 진영을 바꿨잖아요. 진영을 바꿨으면 다른 세력들과의 화학적 결합을 이뤄야 하는데 대통령 선거가 끝나자 곧바로 선거 승리의 일등공신들인 이준석을 중심으로 하는 신진세력을 거칠게 쫓아냈습니다. 어렵게 구축된 선거연합을 마구잡이로 해체했습니다.
정권 초기에는 밀월(honeymoon) 기간이 존재하기 마련입니다. 금상첨화 격으로 야당은 대선과 지방선거의 잇따른 패배로 전열이 크게 흐트러진 상태였습니다. 0.73퍼센트 포인트의 초박빙 차이로 대선에서 승리한 정권치고는 출발 여건이 아주 좋았습니다. 민심의 광범위한 호응을 받을 수 있는 국가적 비전을 제시해 지지층 확장에 나설 수 있는 절호의 기회였습니다. 그럼으로써 국정 동력의 근원인 지지율을 최대한 올려놔야만 했습니다. 윤 대통령은 완전히 정반대로 했습니다. 기존의 동지들은 물론이고 잠재적 우군이었던 사람들마저 배척하고 적대시했습니다.

공희준 박성민 민컨설팅 대표는 이와 같은 윤 대통령의 행태를 두고 자신이 앉아 있는 의자 다리를 자기 손으로 잘라냈다고 혹평했습니다. 이 잃어버린 6개월 동안에 벌어진 일들 중 저는 딱 세 가지가 선연히 기억납니다.

첫째는 대통령 집무실을 용산으로 이전한다며 나라를 들쑤신 일입니다.

둘째는 이준석 대표가 당대표직에서 쫓겨나니 당이 너무 좋다며 윤 대통령이 권성동 원내대표에게 체리따봉 이모티콘을 보낸 일입니다.

셋째는 핼러윈 데이 집단 압사 사고에 대한 문책을 어영부영, 얼렁뚱땅, 유야무야 해버린 일이었습니다.

신인규 그 6개월 동안 여당을 이끈 사람이 바로 정진석이었습니다.

그 문제적 인물을 대통령실 비서실장으로 재활용하고 있습니다. 그러니 국민들이 보수를 어떻게 생각하겠어요? 구제불능 집단이라고 여길 게 아닙니까? 보수가 무너진 원인은 책임정치 원칙을 스스로 저버린 것에 있습니다. 실수가 반복되며 실력으로 굳어진 겁니다.

공희준 현재의 정진석 비서실장이 국민의힘 비대위원장으로 반년이나 버티고 있었다는 사실을 시사에 매우 관심이 많은 정치 고관여층을 제외하면 기억하는 사람이 별로 없습니다. 대중의 기억에서마저 완전히 소거돼버린 영락없는 잃어버린 6개월입니다.

신인규 그 잃어버린 6개월의 주역이 정진석이었습니다. 잃어버린 6개월의 후반기가 시작되는 2022년 12월경부터 이준석 대표가 차기 당대표 경선에 본격적으로 참전하기 시작합니다. 이준석의 야심작일 '천아용인' 4인방이 이때 여의도 정치 시장에 출시됐습니다.

공희준 천하람, 허은아, 김용태, 이기인 네 사람 말씀이시죠?

신인규 JYP 박진영이 원더걸스를 만들었듯이, 이준석도 정치권의 아이돌을 탄생시키겠다는 당차고 거창한 포부였습니다. 천아용인을 띄우기 위해 이준석 대표가 전방위로 나섰습니다. 각종 시사 프로그램에 등장할 때마다 천아용인의 활약을 기대해달라는 당부를 시청자들에게 하는 일을 잊지 않았습니다.

공희준 이수만, 양현석, 박진영, 방시혁, 그리고 최근에는 뉴진스 사태로 유명해진 민희진 어도어 대표까지 자신들이 데뷔시키려는 가수나 그룹을 띄우려고 엄청나게 언론 플레이를 합니다.

신인규 이준석 대표는 그와 같은 매니지먼트 사업에 무대만 연예계가 아닌 정치권으로 바꿔서 뛰어들었습니다. 자기네 소속사 가수들이 발표하는 음반 홍보에 나선 여느 연예기획사 대표와 다름이 없어 보였습니다.

공희준 이준석 대표 입장에서는 그와 같은 프로젝트라도 기획하고 진행해야 명예회복이 빨라지지 않았을까요?

신인규 비록 정권 초기에 당대표직에서 축출됐을지언정 이준석 대표는 윤석열 정권의 중요한 구성 요소였습니다. 더 진중하고 묵직한 일에 힘썼어야 합니다.

공희준 복귀하거나 복수하거나 둘 중 하나를 도모했어야만 마땅했는데, 뜬금없이 프로듀서로 변신했네요.

신인규 복귀를 하든 복수를 하든 선결돼야 할 과제 겸 작업이 있습니다. 본인이 행한 일들의 허실과 잘잘못을 냉정하고 객관적 시각으로 반추하고 되짚어보는 복기입니다. 흔히 말하는 반성과 성찰입니다. 이준석 대표는 그 복기를 훌쩍 건너뛰었습니다.

공희준 생략해선 안 될 과정을 생략했네요.

신인규 천아용인 광고에만 분주했습니다. 복기와 복귀와 복수의 3복 가운데 아무것도 없었습니다. 저는 그 부분이 매우 안타까웠습니다. 정진석 비대위는 2022년 9월 13일에 정식으로 발족해 이듬해인 2023년 3월 8일에 공식적으로 퇴장했습니다. 그 6개월을 정리하고 복기하니 한숨만 나옵니다. 보수 전체가 무위도식하며 시간만 낭비한 6개월이었기 때문입니다. 윤석열 정권을 나중에 평가하면 진공상태로 기록될 6개월입니다. 물론 일이 있기는 있었습니다. 황교안 전 국무총리가 당대표에 출마한 김기현 의원을 향해 부동산 투기 의혹을 해명하라며 매섭게 몰아붙인 일이었습니다. 김기현을 겨냥해 당대표가 아닌 '땅대표'라고 사방에서 비판이 빗발칠 때였습니다.

공희준 안철수 의원이 김기현 당대표 후보자의 즉각 사퇴를 촉구하는 공동 기자회견을 황교안 전 총리와 함께 개최한 게 생각나네요. 제가 살다 살다 '안황 연대'까지 목격하고 말았습니다. 저도 빨리 정치 컨설팅 업계를 은퇴해야 하는데 목구멍이 포도청이라 차마 당장 그러지를 못하고 있습니다.

신인규 그럼에도 김기현은 4퍼센트의 초라한 여론조사 지지율로 출발해 당심 백 퍼센트의 비정상적인 전당대회에서 52.93퍼센트의 과반득표율을 기록하며 결선 투표 없이 당선되는 기염을 토했습니다. 용산 대통령실의 주도 또는 묵인 아래 자행된 온갖 꼼수와 무리수의 덕택을 톡톡히 본 결과물이었습니다. 대통령실의 당무 개입이 수사로까지 이어진 전당대회는 최악의 사건으로 남아 있습니다.

Part 7

**김건희의
화양연화
(花樣年華)**

박근혜를 능가했던 윤석열의 당무 개입

공희준 정진석 비대위의 잃어버린 6개월이 끝나고 그 부산물로 김기현 당대표 체제가 성립됐습니다. 김기현 체제를 성립시키는 과정에서 안철수 찍어내기와 연판장 소동으로 대표되는 별의별 추태가 다 빚어졌습니다. 안철수는 한때 당대를 풍미한 안철수 현상의 주인공이었습니다. 나경원은 보수의 고인물 같은 중진 정치인입니다. 이 두 거물이 저항다운 저항도 해보지 못한 채 왜 그렇게 쉽사리 주저앉은 건가요?

신인규 그즈음은 윤석열 정권이 출현한 지 10개월 정도가 경과한 시점이었습니다. 대통령 권력의 위세가 하늘을 찌를 때였습니다. 윤석열 대통령이 취임 즉시 심혈을 기울여 착수한 일이 바로 여당 장악 작업이었습니다. 그 출발점은 이준석 대표 제거였습니다. 나경원 의원은 당시는 원외 인사로 대통령 직속 저출산고령사회위원회의 부위원장을 맡고 있었습니다. 그런데 나경원 의원이 당대표 출마를 저울질하자 용산 대통령실은 해당 위원회의 부위원장직은 물론이고 기후환경대사 자리에서 동시에 해임했습니다. 그런데 이런 정도로는 성에 차지 않았는지 박수영과 배현진 등 친윤석열계 초선 의원들이 주동해 나경원 의원을 저격하는 연판장까지 돌렸습니다.

공희준 63명의 국민의힘 초선 의원들 가운데 50명이 이름을 올렸다고 해서 시끌시끌했습니다.

신인규 역시나 장제원의 행동대장들이 연판장 작성과 회람과 서명에 앞장을 섰습니다. 이들은 집권당을 윤석열의 사당으로 만드는 데 열을 올렸습니다. 정당민주주의 파괴의 주범들입니다. 훗날 국민의힘이 국민 속에서 영원히 퇴장한다면 다 이분들의 공로 때문일 것입니다. 국민을 배신한 정치가 종말한 것이겠지요.

공희준 철수 형은 나경원과는 달리 그래도 경선에 출마까지는 했습니다.

신인규 이진복 대통령실 정무수석이 안철수 의원을 찾아가 "아무 말도 하지 않으면 아무 일도 일어나지 않는다"고 협박했던 일은 너무나 유명합니다. 용산 대통령실의 어떤 행정관은 카카오톡 단체 채팅방에서 김기현 지지를 공공연히 선동하는 모습마저 불사했습니다. 이는 녹취록으로 드러난 일입니다. 한마디로 안철수를 겨냥한 정권 차원의 총공격이었습니다. 오죽하면 안 의원이 용산 대통령실 관계자들을 고위공직자범죄수사처에 고발했겠습니까? 이는 용산 대통령실의 경선 개입이 그만큼 공공연하고 전방위적이었다는 뜻입니다. 시간을 조금 더 거슬러 올라가면 당심과 민심 모두에서 선두로 질주하던 유승민 전 의원의 당대표 출마를 봉쇄하려고 정진석 비대위는 당대표 경선 투표 전당대회에 당원들만 참여할 수 있도록 당헌을 개정했습니다.

공희준 용산 대통령실과의 교감이 없으면 불가능한 일이었습니다.

신인규 당심 백 퍼센트만으로는 불안했는지 결선 투표까지 도입했습니다. 유승민의 출마를 무조건 막으려는 몸짓이었습니다. 정리하자면 유승민, 나경원, 안철수 순서대로 차례차례 제거됐습니다.

공희준 저는 이 대목에서 불현듯 그런 생각이 들었습니다. 국민의힘과 관련해 윤 대통령과 정진석 비대위원장의 관계는 일제 강점기의 덴노(天皇)와 식민지 조선의 총독 간의 관계와 비슷하다고. 정진석 비서실장이 선대의 친일 행적 때문에 일부 네티즌들로부터 일본식 이름으로 불리며 비판을 당하는데, 그가 비대위원장으로 있으면서 거의 내선일체 수준으로 수직적 당정관계를 밀어붙였거든요.

저는 안철수에 대한 윤석열의 불신은 일견 이해가 되는데, 윤 대통령이 나경원 의원까지 극도로 경계한 행동은 쉽게 수긍이 가지 않습니다. 윤석열 대통령과 나경원 의원 부부는 세 사람 전부 서울대 법대 동문에다 사법시험 선후배 관계로 묶인 오랜 개인적 인연이 있지 않나요? 더욱이 나경원 의원만큼 살아 있는 권력에 고분고분 순종하는 정치인도 흔치 않고요. 몇몇 호사가들은 나 의원에 대한 김건희 여사의 질투심과 열등감이 나경원이 아웃이 되는 중요한 계기이자 요인으로 작동했다고 입방정을 떨고 있지만요.

신인규 나경원 의원은 당내에 독자적 지지기반을 구축하고 있습니다. 보수진영에서 20퍼센트 안팎의 고정 지지층을 늘 확보해왔습니다. 당내에 상당한 지분을 보유한 정치인입니다. 반면, 김기현 의원은 순수 지지율이 5퍼센트가 안 되는 사람입니다. 본인의 세력이 워낙 미미한 탓에 용산에서 죽으라고 하면 죽는 시늉이라도 할 인물입니다.

공희준 그런 범주의 인물을 생물학적 용어로 간도 쓸개도 없다고 합니다.

신인규 용산은 존재감 미미한 듣보잡이 당대표가 되기를 바랐습니다. 나경원은 잠재적 위험군으로 분류가 됐습니다.

공희준 나경원은 스타성 있는 정치인이니까요.

신인규 나경원은 보수의 여신으로 통해왔습니다. 용산 입장에서는 부담스러운 존재였습니다. 윤석열식 정치에서는 오직 윤석열만이 세력이 있어야 합니다. 지금도 윤석열 대통령이 한동훈 당대표를 의도적으로 패싱하며 무시하는 것은 일관된 윤석열 방식입니다. 정치가 없는 셈이죠.

공희준 나 빼고 다 무장해제 하라는 의미네요.

신인규 윤 대통령은 검찰총장 출신입니다. 상명하복의 원리에 충실한 말 잘 듣는 평검사 부류의 인물을 선호하게 마련입니다. 자기와 계급장 떼고 시쳇말로 맞짱을 뜨려는 반항적 인사를 달갑게 여기지 않습니다.

공희준 안철수 의원은 윤석열 대통령에게 공개적으로 면박을 당한 1호 인물이었습니다. 국정운영의 적으로 몰리며 파문을 당했잖아요. 윤석열 대통령은 수하들을 시켜 이준석을 제거했지, 직접 전면에 나서서 그를 축출하지는 않았습니다. 그런데 안철수 주저앉히기 작업에서는 윤 대통령이 직접 최일선에 등장한 양상이었습니다. 이 정도면 가히 증오 수준이거든요. 나경원은 단지 불신의 대상에 머물렀지만요. 안철수는 윤석열을 딱히 해코지한 적이 없습니다. 그런데도 윤석열은 야권 대선 후보 단일화까지 응해준 안철수를 왜 선제적으로 미워했을까요?

신인규 안철수는 윤석열의 당선에 이준석 다음으로 기여했습니다. 저는 윤 대통령이 단일화 파트너였던 안 의원을 증오했다고까지는 생각하지 않습니다. 그러나 안철수를 다루는 윤석열의 방식은 분명 매우 거칠고 폭력적이었습니다. 안철수에 대해 선을 넘는 표현마저 불사할 지경이었습니다. 안철수 의원은 당내에 세력이 거의 없다시피 합니다. 국민의힘과 국민의당의 합당은 전자가 후자를 인수합병(M&A)하는 형식이었습니다. 그렇기 때문에 윤석열 대통령이 안철수 의원을 쉬운 존재로 여겼을 수 있습니다. 아무렇게나 막 대해도 된다고 생각한 것이죠. 김정은 국무위원장은 고모부인 장성철을 시범 사례로 삼아 권력을 공고히 다졌습니다. 안철수는 윤석열에게 당내에서 공포정치를 효과적으로 실행하는 데 필요한 희생양이 되고 말았습니다.

공희준 유승민이 경계의 대상이고, 나경원이 불신의 대상이었다면, 안철수는 무시해도 되는 대상이었네요.

신인규 정적들의 체급에 각기 상응하는 처우였습니다.

공희준 나경원 제거 작전에는 당내의 친윤석열 초선들이 출동했고, 안철수 솎아내기 작업에는 정치적 중립이 요구되는 공무원 신분인 용산 대통령실 참모들이 동원됐습니다. 이건 빼도 박도 못 하는 당무 개입이거든요. 이게 앞으로 두고두고 윤석열 대통령을 사법적으로 발목 잡을 것 같습니다.

신인규 안철수 의원을 대통령실 관계자들이 나서서 조리돌린 일은 정당법 위반(제49조 당대표자유경선방해죄) 소지가 있습니다. 이 사건은 안철수 의원 측에 의해 강승규 당시 시민사회수석이 이미 공수처에 고발당했기 때문에 수사 대상이 됐습니다.

공희준 공수처의 수사 진척 상황은 어떤가요? 후속 소식이 좀처럼 들리지 않아서요.

신인규 공수처가 지금도 계속 사건을 캐비닛 안에 넣어 보관하고 있습니다.

공희준 고발 취하를 하지 않았나요?

신인규 취하했다는 얘기는 들리지 않고 있습니다. 사건이 계속 진행 중이라는 뜻입니다. 윤석열 정권의 통제력이 약해지면 특검 수사가 이뤄질 가능성이 큽니다. 정권이 바뀌어 검찰 수뇌부의 친윤 라인 검사들이 퇴출되면 일반 검찰이 수사에 나설 확률도 높고요. 수사 형식이 어떻든지 간에 윤석열 대통령에 대한 사법처리가 불가피할 전망입니다. 박근혜 전 대통령은 2016년 총선 당시 새누리당 총선 출마자들을 대상으로 여러 건의 여론조사를 실시하고, 여당의 공천에 관여했다는 혐의 때문에 대법원에서 실형이 확정됐습니다. 이와 관련해 박 전 대통령에게 공직선거법을 위반했다며 3년 징역을 구형해 법원에서 2년의 징역을 확정받게 한 당사자가 다름 아닌 윤석열 특검팀장, 즉 지금의 윤석열 대통령이었습니다.

공희준 역시나 세상은 돌고 돕니다.

신인규 윤석열 대통령의 경우에는 국회의원을 뽑는 총선 공천이 아닌 당대표를 선출하는 전당대회에 간여했기 때문에 정당법의 적용을 받게 됩니다. 한편으로, 윤 대통령이 올해 총선 국면에서 한동훈 비상대책위원장을 압박한 행동은 2016년 국회의원 총선거에서의 박 전 대통령의 행위와 상당 부분 겹칩니다. 요약하자면 안철수를 찍어낸 일은 정당법 위반에 해당하고, 한동훈을 압박한 사건은 공직선거법 위반으로 다뤄질 수가 있습니다. 최근 불거진 영부인의 공천 개입 사건에도 대통령의 연루설이 파다하여 이것 또한 현 정권에 대한 수사로 이어질 가능성이 농후합니다. 특검은 불가피할 테니까요.

공희준 적용되는 법률이 당내 경선은 정당법, 총선 앞둔 공천은 공직선거법이네요.

신인규 예, 그렇습니다. 공무원이 연루되면 국가공무원법 위반도 같이 검토되어야 합니다.

공희준 정당법 위반과 공직선거법 위반 중에서 어느 쪽이 더 세게 벌을 받나요?

신인규 둘 다 처벌이 위중합니다. 대통령의 당무 개입은 공직자의 정치적 중립 의무를 공공연히 저버린 행위에 해당합니다. 대통령이 당무에 간섭하는 건 원칙적으로는 불법입니다. 하지만 과거에 대통령이 여당 총재를 겸임하던 시절에는 관행적으로 묵인돼왔습니다. 검찰과 법원과 선관위가 몰라서 처벌하지 않았던 게 아닙니다. 그러나 노무현 전 대통령 시절에 당정 분리 원칙이 확립되면서 더 이상은 관행이라는 이름으로 통용되지도 용납되지도 않았습니다. 윤석열 대통령은 당무 개입의 첫 번째 처벌 사례를 주도적으로 만들어낸 사람입니다. 박근혜 전 대통령 국정농단 사건 때 특검팀장 윤석열이 당무 개입도 처벌해야 한다며 박 전 대통령을 공직선거법 위반으로 추가로 기소했습니다. 당무 개입도 문제이지만 선거 개입은 더 더욱 문제되는 중대 사안입니다. 3권분립을 위태롭게 할 뿐만 아니라 민주주의 파괴를 통해 민의를 왜곡하는 중대한 범죄에 해당하는 것이지요.

공희준 당시 윤석열 수사팀장은 박근혜 정권을 정말 탈탈 털었었네요.

신인규 윤석열 대통령은 자기 스스로 발목을 잡는 일을 벌였습니다. 불법적 당무 개입의 후과가 어떤지를 보여주는 두 번째 사례를 스스로 만들었다는 점에서 그는 한국 민주주의의 성숙에 역설적으로 크나큰 기여를 하게 됐습니다.

공희준 당연히 의도하지야 않았겠지만 가슴을 웅장해지게 만드는 윤석열의 큰 그림입니다.

신인규 박근혜가 처벌을 받았으니 윤석열도 처벌을 받아야죠. 전형적인 자업자득입니다. 사필귀정입니다.

허수아비 당대표 김기현이 남긴 것들

공희준 김기현 대표는 2023년 3월 8일에 당대표에 선출돼 같은 해 12월 13일에 공식적으로 당대표직에서 중도 사퇴했습니다. 저희가 앞에서 정진석 비대위 체제의 잃어버린 6개월을 논했는데, 설상가상으로 여기에 김기현 당대표 체제의 잃어버린 9개월이 추가됐습니다. 왜냐면 김기현 대표가 주도적으로 무슨 일을 했는지 특별히 기억나는 게 없기 때문입니다.

신인규 있긴 있습니다. 김포시의 서울 편입을 추진했다가 용두사미가 된 일입니다. 강서구청장 보궐선거 참패의 충격에서 헤어나려는 목적으로 소액 주식투자자들의 환심을 사고자 공매도 금지를 추진하기도 했고요. 그런데 김기현 체제는 재보궐선거가 치러진 2023년 10월 11일에 사실상 철문을 내렸습니다. 그때부터 12월 13일까지는 기실 숨만 쉬고 있었어요.

공희준 정진석 6개월, 김기현 당대표만 있던 7개월, 그리고 인요한 혁신위원회 2개월, 도합 15개월, 즉 1년 3개월을 집권 여당이 무위도식을 해버렸습니다. 식물 여당으로 있으며 거액의 국고보조금만 축냈습니다. 저는 따로따로 놓고 보면 잃어버린 6개월, 잃어버린 7개월, 잃어버린 2개월인 이 기간을 전부 합쳐서 '검은 15개월'이라고 명명하고 싶습니다.

신인규 맞습니다. 암흑의 15개월이었습니다. 그저 시간만 날린 셈이지요.

공희준 집권 여당이 중세의 암흑기로 1년 넘게 제 발로 걸어 들어갔습니다. 이준석 대표가 암흑기를 조기에 끝내고 광명을 되찾아보려고 천아용인 프로젝트를 가동해봤는데 별로 재미를 보지 못했습니다.

신인규 천하람 후보가 국민의힘 3·8 전당대회에 출마했다가 당대표 경선에서 약 15퍼센트의 득표율을 기록하며 3위에 머물렀습니다. 최고위원 경선에서도 천아용인은 당선자를 배출하지 못했습니다. 아무런 정치적 소득을 얻지 못했다고 봐야죠. 그저 이준석 중심의 존재감을 드러내는 정도에만 머물렀습니다. 마케팅이 아니라 국민이 함께하는 정치를 했어야 했습니다.

공희준 천하의 이준석조차 어찌해볼 도리가 없을 정도로 장기간의 암흑기가 집권 여당에 왜 도래했을까요?

신인규 국민의힘을 덮친 15개월의 암흑기는 다른 누구도 아닌 윤석열 정권에 의해 초래됐습니다. 윤석열 대통령의 정무적 단견과 전략적 안목의 부재가 그 중요한 정권 전반기에 국정운영의 한 축이자 동반자인 여당을 깊은 혼수상태에 빠뜨렸습니다. 그것도 무려 장장 15개월 동안이나요. 다른 사람 탓할 것 없습니다. 윤석열 스스로 불러낸 업보였습니다. 국정운영의 동력은 높은 지지율에서 비롯됩니다. 여당은 지지율 관리의 주체입니다. 윤석열 대통령은 48.56퍼센트의 득표율로 당선됐습니다. 따라서 지지율을 더 높여나갈 필요성이 절실했습니다. 그래야 안정적 국정운영이 가능하기 때문입니다.

공희준 취임 3주 후에 치러진 지방선거에서 승리하며 윤 대통령의 국정운영에 대한 긍정 평가가 55퍼센트까지 올라갔던 기억이 납니다. 그게 이제껏 최고치였습니다.

신인규 더 높여서 60퍼센트로 가는 건 애당초 불가능했다고 해도 45퍼센트를 마지노선으로 삼아야 했습니다. 그런데 암흑기의 1단계인 정진석 비대위의 잃어버린 6개월이 시작되며 30퍼센트 대의 박스권에 윤 대통령의 지지율이 갇히고 맙니다. 심할 경우에는 20퍼센트 초반 대까지 지지율이 급락하기조차 했습니다.

공희준 그런 저조하다 못해 처참한 지지율이면 국민들로부터 심리적 탄핵을 당했다고 해석해야 옳습니다.

신인규 정권 초기에 집권 여당이 해야 할 일은 과감한 정책 경쟁에 나서는 데 있습니다. 선도적 이슈 파이팅이지요. 그 일을 전혀 해내지 못했습니다. 윤석열은 아직까지도 하고 싶은 국정운영의 내용이 전혀 없습니다. 보여주기 식 쇼에만 매달리는 형국인데 쇼도 잘하지 못하는 무능의 극치만 보이고 있습니다.

공희준 중요한 선거를 세 차례 연속 승리로 이끈 젊은 당대표를 몰아내면서 이슈의 중심에 서기는 했습니다. 여당 스스로 민심의 단두대에 올라간 격이었습니다.

신인규 국민의힘의 최대 패착이었습니다. 윤석열 대통령은 본인이 잘나고 훌륭해서 정권을 잡은 게 아닙니다. 2030 청년세대까지 아우르는 광범위한 선거연합 덕택에 대선에서 승리할 수 있었습니다. 그 소중한 선거연합을 윤석열 스스로 해체하면서 지지기반이 영남, 극우, 노인층으로 확 줄어들었습니다.

공희준 '윤석열=극우 유튜브의 아이돌'이 됐습니다.

신인규 지금은 극우 유튜버들끼리조차 서로 갈라져 싸우고 있습니다. 첫 단추를 잘못 끼웠으니 정권도 여당도 암흑기에 진입하는 게 필연이었습니다.

공희준 다른 주제로 잠시 이야기를 돌리면 여당에게는 15개월의 암흑기가 김건희 여사에게는 화양연화의 15개월이었습니다. 그야말로 김건희의 리즈 시절이었습니다.

신인규 김건희의 화양연화를, 리즈 시절을 가능하게 했던 중요한 이유는 국민의힘이 수직적 당정관계에 철저히 길들여지며 공당으로서 자율성을 완전히 상실한 데 있습니다. 정당의 자율성은 남이 공짜로 주는 게 아닙니다. 스스로 지켜내는 것입니다. 원조 윤핵관 4인방으로 불리는 권성동, 장제원, 윤한홍, 이철규를 필두로 정진석, 김기현, 인요한 전부가 국민에게 충성하기를 포기했습니다. 대통령에게 맹종하기를 선택했습니다.

공희준 충신은 없고 간신배들만 발호했네요.

신인규 윤석열 대통령이 여당의 자율성을 침해한 것을 탓하기 전에 국민의힘 주요 구성원들이 자발적으로 주권을 포기해버렸습니다. 그들이 안에서 문을 열어준 덕분에 윤석열과 그 호위세력이 국민의힘을 손쉽게 접수하고 점령할 수 있었습니다.

공희준 간신배는 종래에는 역사책 속에만 잔존한 사어 아니면 비유적 표현일 뿐이었습니다. 윤석열 대통령은 이 간신배 개념을 박물관에서 다시 끄집어내 현실에서 복권시켰습니다. 윤석열 정권의 첫 번째 연관검색어는 간신배들이거든요.

신인규 충신이 없으니까요. 군주시대의 용어일 수는 있어도 충신은 국민이 희망하는 바람직한 위정자의 모습입니다. 이 정권에는 국리민복을 위해 일하는 인물이 거의 없습니다. 대통령을 위한다는 구실로 사익을 추구하는 정상배(政商輩)들만 창궐해왔습니다. 윤석열 대통령의 사람 보는 눈이 가뜩이나 부실한 데다 집권 여당에는 권력에 맹종하며 일신의 영달을 추구하는 사람들만 득시글대니 국민들 입에서 한숨만 절로 나옵니다.

제 세상 만난
김건희와
친윤 4인방

공희준 홍준표 대구시장은 국민의힘의 잃어버린 15개월 동안 몇몇 경우를 제외하면 거의 시종일관 바닥에 납작 엎드려 있었습니다. 그러다 보니 홍 시장에 대해서는 언급하고 싶어도 특별히 언급할 만한 내용이 없습니다. 윤석열 대통령의 심기만 살피며 비굴한 이른바 코박홍 행각만 일삼았거든요. 복지부동이 아니라 완전히 '홍지부동'이었습니다. 홍준표는 가끔 페이스북 계정에 글을 올렸다가 즉시 삭제하고 튀는 '글삭튀'만 주로 일삼았습니다. 강자에 약하고 약자에 강한 영락없는 기회주의자의 모습이자 행태였습니다.

저는 국민의힘의 암흑기에 단연 발군의 존재감을 뽐낸 네 사람의 정치인을 이참에 손꼽고 싶습니다. 두 사람의 중진 정치인과 두 사람의 초선 정치인이 그들입니다. 전자의 둘은 정진석과 장제원입니다. 후자의 두 명은 박수영과 배현진입니다. 후자에 관해 더 부연하자면 윤석열이 가져온 잃어버린 15개월의 암흑기 동안 나 홀로 전성기를 맞이한 게 두 가지 있습니다. 배현진의 스피커와 박수영의 기획입니다. 대변인인 배현진은 배현진대로, 여의도 연구원장이었던 박수영은 박수영대로 민심과 당심의 거리를 크게 벌려 놨습니다.

둘 중에서 더 폐해가 컸던 건 박수영 의원이었습니다. 여의도연구원은 한때 대한민국 최고의 정치 싱크탱크로 각광을 받았습니다. 정치는 여의도연구원이 간판주자였고, 경제는 삼성경제연구소가 최강자였습니다. 민주당 사람들이 보수계열 정당에 대해 가장 부러워하는 게 여의도연구원의 기획력과 분석력이었습니다. 이 여의도연구원이 박수영 체제에 이르러 철저히 망가졌습니다. 암흑기 15개월 동안 단연 승승장구했던 두 명의 초선 국회의원인 배현진과 박수영에 대한 인물평을 부탁드립니다.

신인규 중진 두 사람까지 묶어서 정리하자면 정진석은 암흑기를 총괄한 컨트롤 타워였습니다. 현재는 대통령비서실장으로 갔으니까요. 장제원은 친윤 그룹의 조직책이었습니다.

공희준 기획조정실장 정진석, 조직국장 장제원 구도네요.

신인규 그렇죠. 장제원은 친윤 의원들이 주축이 된 '민들레'라는 이름의 모임 결성을 주도적으로 추진하기도 했습니다. 친윤들을 당내에서 세력화하는 데 장 전 의원이 선봉장에 섰습니다. 박수영 의원은 전략의 실행을 책임졌습니다. 스스로가 앞장서서 전략을 입안하고 수립한 것은 아니었습니다.

공희준 박수영은 과대평가된 경우네요.

신인규 배현진은 말씀하신 것처럼 스피커 역할을 거의 전담했습니다. 간판이었습니다. 배현진 의원이 여성으로서의 상징성과 청년세대로서의 대표성을 담당했음은 물론입니다. 민심의 지지는 약했지만 친윤이 장악한 당심의 지지는 상당 부분 있었습니다.

공희준 공중파 방송국 아나운서 출신 경력을 십분 활용했네요. 배현진 의원은 암흑기를 주름잡은 친윤 4인방 가운데 현재로서는 유일하게 한동훈으로 환승했습니다.

신인규 그런 측면에서는 청년은 청년인데 구태 청년으로 분류될 수 있습니다.

공희준 그 막강하다는 젊은 구태.

신인규 그래도 암흑기를 자기 나름으로는 화려하게 수놓은 한 축이었습니다. 이 4인방이 윤석열 정권에서 집권당의 어벤저스 비슷한 역할을 했습니다. 이들 네 명은 윤석열 대통령직 인수위원회 시절부터 국민의힘을 주도했던 사람들입니다. 그런데 묻고 싶습니다. 과연 대선을 이 사람들 얼굴로 치렀습니까?

공희준 글쎄요. 인수위원회 대변인까지 했던 배현진 의원은 올해 총선 공보물에서는 윤석열 대통령을 철저히 감췄거든요. 심지어 '윤석열 대통령 인수위원회'를 '20대 대통령 인수위원회'로 에둘러 표현했습니다. 이들 네 사람의 공통점이 있어요. 대선 때 유권자의 표심을 가져오는 데서는 별다른 두각을 나타내지 못했다는 점입니다.

신인규 대통령 선거운동 기간 중에 배현진 의원이 어떤 일을 했는지 기억나시나요?

공희준 저희 동네가 있는 송파구에서 유세 다닌 것 외에는 딱히 기억나는 게 없습니다.

신인규 배현진 의원은 국민의힘 대선 후보 경선전에서 홍준표를 밀었습니다. 본인은 당시에 당직을 맡고 있었기 때문에 중립을 견지했다고 주장하는데 홍준표를 지지한 것은 공공연한 비밀이었습니다. 그럼에도 윤석열 대통령이 대선에서 이기면서 조용히 진영을 갈아탔습니다.

공희준 박수영 의원은 대선에서 뭘 했는지 정말 모르겠네요. 숨은 열심히 쉬고 있었을 테고.

신인규 박수영이 선대위에서 무슨 직책을 맡았는지조차 지금은 기억이 가물가물합니다. 장제원은 래퍼인 아들 문제 때문에 백의종군을 했고요. 정진석도 박수영처럼 무슨 일을 했는지 기억나지 않습니다.

공희준 충남에서 뭔가 하고 있었을 것 같습니다. 문제는 충청권에서 윤석열 후보가 이재명 후보에게 기대한 것만큼의 압승을 거두지 못했다는 점이었습니다. 부친의 고향이 충남 공주라고 말하며 충청권과의 연고를 엄청나게 강조했는데 소문난 잔치에 먹을 것 없다고, 4퍼센트 포인트 남짓밖에 이기지를 못했습니다. 최소한 6~7퍼센트 포인트는 앞섰어야 정상이거든요.

신인규 정진석, 장제원, 배현진, 박수영 네 사람은 잘못된 논공행상의 대표적 수혜자들이었습니다. 윤석열의 대선 승리를 이끌어낸 것은 대선 전략을 수립하고 선거운동을 진두지휘한 이준석이었습니다. 후보 단일화의 결단을 내린 안철수였습니다. 개혁보수의 대의에 호응한 저를 비롯한 2030 청년들이었습니다. 이들의 헌신과 희생 덕택에 보수가 5년 만에 정권을 탈환했습니다.

그런데 막상 선거가 끝나니까 엉뚱한 사람들이 득세했습니다. 당선인 비서실장에 장제원이 선임되고, 인수위 대변인에 배현진이 발탁되며 그동안 무대 뒤에서 조용히 숨죽이고 있던 구태 어벤저스들이 전면에 등장했습니다. 윤석열 정권의 비극의 씨앗이 어디에서 싹텄겠습니까? 정권 탈환의 주역들을 소외시키고, 대선 때 숨만 쉬고 있던 인사들을 요직에 중용한 데서 잃어버린 15개월의 씨가 뿌려졌습니다. 이게 윤석열 대통령의 결정적 패착이었습니다.

공희준 모든 실패의 근원에는 인사의 실패가 있습니다.

신인규 화장실 들어갈 때의 진용과 화장실 나올 때의 라인업이 완전히 달라졌습니다. 결국 민심과 당심의 괴리가 패착의 근본원인이고 그 중심에는 무능한 윤석열이 있습니다.

공희준 대선 때는 숨만 쉬고 있다가 대선 끝나자마자 제 세상 만난 사람의 끝판왕이자 최강자는 당연히 김건희 여사 아니겠습니까?

신인규 물론 김건희죠.

공희준 김건희까지 합하니 5인방이네요. 윤석열판 독수리 5형제. 숟가락만 들고 나타났으니 숟가락 5남매라고 하는 게 더 적확한 표현일 듯싶습니다.

신인규 윤석열 정권이 보여준 'Before & After'의 정점에는 김건희가 자리하고 있습니다. 이러한 맹점을 이준석 대표는 양두구육이라고 비꼬았습니다. 결과적으로 윤석열 대통령이 국민들을 상대로 사기분양을 저지른 격이었습니다.

공희준 국민들이 집에 실제로 입주해보니 역세권도 아니고, 욕실의 타일은 떨어지고, 주방의 싱크대 배관은 물이 줄줄 새고, 결정적으로 평수도 작고. 가히 총체적 기만이었습니다.

신인규 그와 같은 대국민 사기분양에 이준석 대표도 관여했다는 원죄가 있습니다.

공희준 모르고 가담했을지언정 대선 사기단의 일원이었다는 흑역사가 앞으로 상당 기간 더불어민주당 쪽에서 이준석 개혁신당 의원을 비판하는 주요한 논리로 기능할 전망입니다.

신인규 윤석열 대통령의 그러한 기만 작전과 위장 전술에 보수진영 전체가 연루됐다는 사실이 저는 굉장히 가슴이 아픕니다. 이는 제가 지속적으로 반성해온 부분입니다. 저는 윤석열 대통령이 머리도 몸통도 양인 줄 알았습니다. 머리만 양일 줄은 몰랐습니다. 상품을 사간 고객들이 집에서 요리해보니까 양고기 맛이 나지 않는다며 반품을 요구하면서 비로소 뭔가 크게 문제가 있음을 깨달았습니다. 그러나 알고 팔았는지 모르고 팔았는지는 중요하지 않습니다. 판매자로서 고객들에게 응당 책임을 지는 게 정상적 상도의입니다. 그렇기 때문에 저는 윤석열 정권을 바로잡기 위해 제가 할 수 있는 최선의 노력을 기울여왔습니다. 그렇지만 보수의 주류는 대선 당시에 자행된 사기분양 사건에 대해 여전히 아무런 책임감과 문제의식을 느끼지 못하고 있습니다. 성찰도 없고, 사과도 없습니다.

공희준 황교안이 주장하는 부정 대선은 아니어도 그 대신 사기 대선에는 해당하겠네요.

신인규 승리는 합법적으로 했는데, 내용물이 엉터리였습니다. 저는 이 사태를 분명하게 반성하고 있습니다. 보수 모두가 이번 일을 진심으로 성찰해야 합니다. 그래서 대담집 형태의 보수정치 백서를 이번에 만들고 있고요. 앞으로도 김건희와 4인방이 반성할 리는 만무합니다. 윤석열 또한 반성할 턱이 없습니다. 관건은 이준석 의원입니다. 대선국면을 다시 복기하면서 윤석열 탄생과 지금의 흑역사에 대한 이 의원의 총체적 성찰과 사과가 필요합니다. 정치인으로서 무한책임의 정치적 도리를 지켜야 합니다. 이준석은 방금 거명된 6인방과는 명확히 달라야 합니다. 그래야만 앞으로도 정치를 더 할 이유가 생기는 것이라고 생각합니다.

Part 8

윤석열의
어그러진
큰 그림

강서구청장 보궐선거의 충격과 공포

공희준 국민의힘 암흑기는 2023년 10월의 강서구청장 보궐선거에서 윤석열의 남자인 김태우 후보가 이재명 더불어민주당 대표가 직접 영입한 진교훈 후보에게 18퍼센트 포인트 차이로 완패하면서 민심의 1차 철퇴를 맞았습니다. 저는 이와 연관해서 두 가지가 궁금합니다. 첫째로 윤석열 대통령은 진심으로 자기네가 승리할 것으로 알았을까요? 둘째로 김태우를 대법원에서 유죄 판결이 나온 지 겨우 석 달 후인 그해 광복절에 사면복권을 해서 공천까지 받게 한 진짜 몸통은 누구일까요? 허수아비 당대표로 지탄받은 김기현 대표마저 김태우 공천에 난색을 표했거든요. 그래서 저는 김태우 카드를 밀어붙인 주인공이 V1인지 V2인지 무척 궁금해집니다.

신인규 강서구청장 보궐선거는 암흑기의 말기 단계에 치러졌습니다. 정답부터 먼저 말씀드릴게요. 윤 대통령은 김태우 후보가 진짜로 이길 것으로 알았습니다.

공희준 대통령마저 사기를 당했네요.

신인규 김태우 카드는 윤석열 대통령의 의중이 전적으로 반영되고 관철된 공천이었다고 봐야 합니다. 김기현은 당대표 직인의 관리자에 불과했습니다. 우리나라 헌법에서 사면과 복권은 전적으로 대통령의 고유 권한입니다. 공직선거법 위반으로 구청장직을 상실한 인물을 그 자리에 또 내보낸 행동은 이준석 대표가 주호영 비대위를 상대로 제기한 직무정지 가처분 신청이 법원에서 인용되자 당헌·당규를 졸속으로 급하게 바꿔 정진석 비대위 체제를 억지로 출범시킨 일과 매우 흡사했습니다. 대통령은 행정부의 수반이자 국가원수입니다. 윤 대통령은 국가원수 직위를 이용해 사법부의 판결을 임의로 뒤엎었습니다. 법치를 정면으로 부인하고, 3권분립의 원칙에 노골적으로 도전했습니다. 그러니 민심의 혹독한 심판을 받는 게 당연했습니다. 따라서 김태우 공천은 윤석열의 작품으로 해석되는 게 타당합니다.

윤석열 대통령에게 2023년은 깊고 심각한 오류의 늪에서 허우적댄 한 해였습니다. 이 오류는 이재명의 사법처리 가능성에 대한 착오와 집권 여당의 보궐선거 전략의 차질에서 비롯됐습니다.

윤석열은 집권하기 전에는 굉장히 실용주의적 면모를 띠었습니다. 이준석과 협업하며 그는 낡고 공허한 이념 투쟁과 관계된 발언을 거의 하지 않았습니다. 뉴라이트의 '뉴'자도 나오지 않은 시기였습니다. 그런데 집권하기 무섭게 기회주의적 권력 추종자들과 어울리기 시작하며 돌연 사상전쟁의 십자군으로 변신했습니다. 국민들을 뜨악하게 한 2023년 광복절 경축사의 '공산전체주의' 발언도 이러한 맥락에서 등장했습니다. 지금은 '반국가세력'이라는 표현으로까지 더욱더 극단화됐습니다.

공희준 올해 8·15 경축사에서는 '검은 선동세력'이라는 으스스한 용어까지 동원하며 한술 더 떴습니다.

신인규 윤 대통령은 작년 광복절을 기점으로 이념보다 중요한 것은 없다며 본격적인 이데올로기 투쟁에 나섰습니다. 그는 박근혜가 탄핵당한 직후에 실시된 대선에서조차 보수 정당을 찍었던 전체 국민의 4분의 1가량을 차지하는 콘크리트 보수들만이 열광적으로 환호하는 시대착오적 냉전 프레임을 국정운영의 제1원리로 채택했습니다.

공안부 검사도 아닌 특수부 검사가 왜 느닷없이 공산전체주의 개념에 올인했느냐? 저는 윤석열 대통령이 이재명 더불어민주당 대표를 구속할 수 있다고 계산했다고 봅니다. 실제로 2023년 8월 21일에 이재명 대표에 대한 체포동의안이 국회 본회의 표결에서 가결되면서 이 대표는 같은 해 9월 26일에 서울중앙지방법원에서 영장실질심사를 받게 됐습니다. 그런데 영장전담 부장판사인 유창훈 판사가 "피의자의 방어권 보장 필요성 정도와 증거인멸 염려의 정도 등을 종합하면, 피의자에 대해 불구속 수사의 원칙을 배제할 정도로 구속의 사유와 필요성이 있다고 보기는 어렵다"며 구속영장을 기각했습니다.

윤 대통령은 이재명 대표가 결국 구속될 거라고 판단하고, 이재명의 구속 여파로 야권 즉 민주당이 분열될 것을 기대했겠죠. 야권 분열이 상수로 자리한 상황에서 윤 대통령은 이념전쟁을 도발함으로써 자신의 지지층인 강경보수 성향의 유권자들을 똘똘 뭉치게 하려는 것이었습니다. 그리하여 가깝게는 강서구청장 보궐선거에서, 멀게는 차기 총선과 지방선거를 넘어 대선에서도 여당이 무난히 승리할 것으로 낙관적으로 예상했을 가능성이 큽니다. 여당은 하나에 야당은 둘 이상인 다자 구도가 펼쳐질 테니까요.

공희준 1987년 평화민주당의 사자 필승론을 어설프게 모방한 윤석열판 삼자 필승론이네요.

신인규 윤 대통령을 위시한 현 정권의 수뇌부는 이러한 가정 아래 삼자 구도에 필요한 제반 준비작업, 곧 빌드업(build-up)을 공산전체주의 세력과의 싸움이라는 미명 아래 착실하게 진행해왔습니다. 그게 아니면 공산전체주의 프레임과 김태우 사면복권 같은 말도 안 되는 무리수를 도저히 설명할 길이 없습니다. 후보 시절에도 이념을 강조하지 않았기 때문에 더욱 그렇습니다. 그런데 예상 밖의 게임 체인저가 나타났습니다. 앞서 지적한 바대로 법원에서 이재명 대표의 구속영장이 덜컥 기각된 일입니다. 이로 인해 이재명이 기사회생하며 무리한 구속 시도였다는 여론이 대세가 되었고, 그러면서 강서구청장 보궐선거의 판이 정권에 절대적으로 불리한 구도로 짜였습니다. 선거 결과가 윤 대통령에 대한 민심의 가차 없는 응징으로 귀결되면서 현 정권은 자신들이 시작한 이념전쟁 때문에 외려 초토화되고 말았습니다. 자기 꾀에 자기가 넘어간 것입니다.

공희준 진주만 기습으로 태평양전쟁을 도발했다가 미군으로부터 원자폭탄 두 방 얻어맞고 처참하게 KO를 당한 일본 제국주의를 방불하게 하는 자충수입니다. 윤석열 대통령은 삼자 구도를 기대했는데 이재명 구속 시나리오가 틀어지면서 기존의 양자 구도가 계속 유지됨으로써 제 꾀에 제가 넘어가고 말았으니까요.

윤석열의
기상천외했던
보수압착 전략

신인규 이와 같은 방정식이 아니면 윤석열 대통령이 얼토당토않은 공산전체주의 타령을 읊어댄 이유가 미궁에 빠지고 맙니다. 상식적인 정무적 판단으로는 야당을 겨냥한 케케묵은 이념 공세는 할 수도 없거니와 해서도 안 될 짓이었거든요. 양자 대결의 경우에는 중도 확장 전략을 써야만 승리할 수가 있습니다. 윤 대통령은 정반대로 갔습니다. 중도 확장 노선을 포기하고 보수결집 시도에 극단적으로 매달렸습니다. 검찰 출신 대통령이 상대 야당 대표의 구속을 상수로 전제하고 전략을 짠 오판을 저지른 것이죠.

공희준 윤석열의 최근 행태는 보수결집 정도가 아닙니다. 보수응축 또는 보수압착 수준입니다.

신인규 야구에서 스퀴즈 번트같이 보수세력을 짜고 짜고 또 짜내고 있습니다. 이와 같은 큰 그림이나 고도의 전략 없이 김태우를 무턱대고 내보냈다면 윤석열 대통령의 정무적 판단력은 영구나 맹구 수준이라 하여도 과언이 아닙니다. 대통령실 출신 전직 비서관이 윤 대통령을 향해 '꼴통'이라고 규정하기도 했는데 완벽한 꼴통정치를 한 것입니다.

반면 윤 대통령이 대선 때는 지금과 크게 달랐습니다. 만약 그때도 보수응축 혹은 보수압착 전략을 채택했다면 선대위원장에 김문수를 앉히고, 홍보본부장에 이봉규를 낙점했어야 합니다. 하지만 당시에는 온전하고 정상적인 중도 확장 전략을 고수했습니다. 지금 와서 보면 단순히 표만 얻기 위해서 전 국민을 속인 것이지요.

공희준 대통령이 되자 180도로 변했습니다.

신인규 보수결집, 보수응축, 보수압착 모두 이재명 구속을 전제로 한 삼자 필승론 발상의 소산이었습니다. 그러나 이재명 구속이 무산되며 이 모든 회심의 승부수가 한낱 물거품이 돼버렸습니다. 정치를 재판이나 게임 정도로 생각한 천박한 인식이 깨진 것이죠.

공희준 물론 최종적으로는 윤석열 본인의 결정이겠지만 윤 대통령의 극우화와 수구화를 옆에서 누군가 부추기고 있다는 느낌이 있습니다. 윤석열을 오른쪽으로만 핸들을 꺾을 수 있는 엽기 자동차로 '마개조'한 검은 선동세력이 있다면 과연 누굴까요? 여사라는 말도 있고 천공이라는 얘기도 있는데, 이를 둘러싸고 온갖 추측과 짐작이 세간에 난무하고 있습니다. 외치에서 뉴라이트화를 사주하는 주인공은 눈에 뻔히 보이거든요. 김태효 용산 대통령실 국가안보실 1차장입니다. 중요한 것은 일본의 마음이라는 궤변을 방송에 나와 태연하게 늘어놓으니까요.

신인규 김태효는 이명박계 출신 인사입니다. 수구화를 뉴라이트와 함께 만들어나가는 것도 참 이해하기 어려운 새로운 공식입니다.

공희준 이명박 전 대통령 시절에 뉴라이트들이 약진을 했었어도 정작 MB 본인은 작금의 윤석열 같은 강경극우로 치닫지는 않았습니다.

신인규 이명박은 정권 후반기에는 중도 실용주의를 추구했습니다. MB 당시 뉴라이트는 이념 경도적이지 않고 실용을 최우선으로 하여 집권도 하고 정권 재창출까지도 해냈지요.

윤석열 유니버스의
씨줄과 날줄
극우 유튜브

공희준 윤석열을 상대로 집요하게 극우 가스라이팅을 계속하는 개인 내지 집단이 있지 않을까요? 오죽하면 용산 대통령실에 일본에서 잠입시킨 밀정이 암약하고 있다는 소리마저 요즘 들리겠습니까?

신인규 이명박 정권이 묻은 MB계 인사들은 한미공조를 뛰어넘어 한미일 동맹까지 꿈꾸며 윤석열 정권의 외교 안보 정책을 뉴라이트적 세계관으로 물들여왔습니다. 그 깔때기 구실을 정권 초기부터 김태효가 해왔습니다. 그렇다면 국내정치 즉 내치에서 윤석열의 극우화를 촉진해온 집단은 누구냐? 다름 아닌 극우 유튜버들입니다.

공희준 맞습니다. 윤석열 대통령은 활자를 멀리하기로 정평이 자자합니다. 뭔가를 읽는 일과는 담을 쌓고 지내는 분으로 보여요. 얼마나 독서와 담을 쌓았으면 현직 대통령 부부가 선물받은 책들을 재활용 쓰레기로 분류해 무더기로 버렸겠습니까?

신인규 활자를 멀리하는 대신 극우 유튜버들이 만들어낸 영상과 논리에 열중해온 탓에 윤석열 대통령의 세계관이 극우 유튜브 방송에서 퍼뜨리는 세계관과 거의 합치하게 됐습니다. 최근 공개된 대통령실 전직 비서관의 녹취록에서도 대통령이 자기 위안을 받기 위한 수단으로 극우 유튜버들에 의지한다는 취지의 발언이 나와 국민들이 분노하기도 했지요.

공희준 노무현 전 대통령은 우리나라 최초의 인터넷 기반 대통령이었습니다. 문재인 전 대통령은 우리나라 최초의 팟캐스트 기반 대통령이었습니다. 윤석열 대통령은 우리나라 최초의 유튜브 기반 대통령으로 역사에 기록될 전망입니다. 극우 유튜브 대통령으로요.

신인규 극우 유튜버의 3대 고갱이는 '극단주의'와 '음모론'과 그리고 '닥치고 반공'입니다. 이승만과 박정희에 대한 찬양으로

점철된 '극단의 유산정치'를 팔고 있습니다.

공희준 항상 마지막은 기승전-슈킹입니다. 무조건 대량 수금을 빼먹으면 절대 안 됩니다.

신인규 두 개를 더 보태자면 맹목적 정신승리와 끝없는 현실부정입니다. 극우 버전의 힐링 마케팅입니다. 위로와 위안을 명분삼아 끊임없이 극단의 국민들을 가스라이팅하는 방식입니다. 세월이 지나도 그 수법은 변함이 없습니다.

공희준 그 결과 윤 대통령 반대진영은 언제나 '끝났다' 또는 '난리 났다'입니다. 이를테면 "이준석 끝났다", "민주당 난리 났다"가 있은 연후에야 본편인 슈킹이 막을 올립니다.

신인규 윤석열 대통령은 오랫동안 검사로 생활했습니다. 자신이 파악한 이재명의 혐의에 비춰볼 때 제1야당 당수의 법정구속을 확신했던 듯합니다. 유튜브를 통해 상대방에 대한 끝없는 악마화를 시도했지만 결국 이재명 대표는 구속되지 않았습니다.

공희준 법원 때문인가요?

신인규 아닙니다. 검찰의 무능함을 탓해야죠. 게다가 당시 법무행정의 수장이 누구였습니까? 한동훈 법무부 장관이었습니다. 검찰은 정치적 이득만을 노렸지, 이재명 대표의 실제 사법처리에는 최선을 다하지 않았습니다.

공희준 이 부분에선 신인규 대표님과 저의 의견이 엇갈립니다. 저는 윤 대통령이 이 대표를 구속할 마음이 별로 없었다고 판단하거든요. 저는 이재명을 죽은 것도 아니고 산 것도 아닌 어정쩡한 상태로 놔두면서 야당을 들었다 놨다 하려던 게 윤석열의 본래 노림수였다고 생각합니다. 핵심은 이재명의 사법처리 여부가 아닙니다. 윤석열이 지금처럼 극우의 돌격대장이 되지 않고 중도적 스탠스를 유지하며 지지율 관리에 성공했다면 이재명의 거취는 정치적으로 큰 변수가 되지 않았습니다. 대통령이 정치를 잘하는지 못하는지가 중요하지, 야당 대표가 착한 사람인지 나쁜 사람인지는 본질이 아닙니다. 윤석열 대통령이 스스로 자멸하니 사법 리스크에 발목이 잡혀 있던 이재명 대표가 기적적으로 기사회생을 했습니다.

신인규 윤석열이 이준석과의 연합전선을 공고히 유지했다면 이재명 구속에 모든 것을 걸 필요는 없었습니다. 그런데 어디에서 무슨 소리를 듣고 왔는지 집권하기 무섭게 이준석 제거에 먼저 열을 올렸습니다. 자신의 지지층을 자기 손으로 떼어내는 자해정치에 몰두했습니다. 보수를 축소지향의 악순환 속으로 밀어넣었습니다. 그러니 어쩌겠습니까? 야권의 분열을 노리는 외에는 뚜렷한 위기탈출 방안이 보이지 않았습니다. 따라서 이재명을 구속해 민주당에 핵폭탄을 투하하겠다고 의도했겠죠. 저는 그와 같은 배경에서 윤석열은 이재명 구속을 진지하게 노렸다고 봅니다. 그동안 검사들이 이재명에 관한 수사를 얼마나 집요하게 벌여왔습니까? 그럼에도 구속에 실패했습니다. 이재명을 자유롭게 풀어놓은 상태로 활용하기에는 보수의 세가 너무나 위축됐습니다. 그래서 저는 윤석열 대통령의 이재명 대표에 대한 구속 시도 노력은 진심이었다고 봅니다.

이재명도 모르는
이재명의 힘

공희준 저는 이재명이 사법 리스크가 있고 없고를 떠나서 이재명에 대한 구속 시도는 처음부터 무리수였다고 평가했습니다. 이재명이 착하거나 잘나서가 아닙니다. 어쩌면 이건 이재명 본인도 모르는 부분일 수도 있습니다. 이재명의 가장 큰 힘은 그가 20대 대선에서 얻은 1614만 7738표에 있습니다. 즉 16,147,738명의 유권자가 이재명을 찍었다는 뜻입니다. 175석의 국회 의석이나 제1야당 대표라는 사실이 이재명의 방탄 역할을 하는 게 아닙니다. 1600만 명이 넘는 국민들로부터 지지를 받은 대선 차점자는 원천적으로 구속이 불가능합니다.

박정희가 김대중을 그렇게 제거하고 싶어 했어도 결국에는 왜 제거하지 못했겠습니까? DJ가 1971년 4월 27일에 실시된 제7대 대통령 선거에서 45.25퍼센트의 지지를 받은 강력한 야당 정치인이자 유력 차기 대선주자였기 때문입니다. 그것도 박정희의 당선을 위한 관권선거와 금권선거가 판을 친 선거에서 그와 같은 득표율을 기록하는 괴력을 김대중은 발휘했습니다. 이와 마찬가지로 1614만 표를 넘게 획득한 사람도 법률로는 제거가 안 됩니다. 정말 완전히 제거하고 싶다면 대선에 한 번 더 나오게 해서 떨어뜨리는 수밖에 없습니다. 이회창이 그와 같은 방식으로 조용히 집에 갔습니다.

전두환처럼 쿠데타 일으켜 국보위 설치할 게 아닐 바에야 정적을 제일 확실하고 깔끔하게 뒤탈 없이 제거하려면 그를 법정이 아닌 투표장에서 제거해야 합니다. 정동영은 1987년 이후로 가장 사법 리스크가 적었던 대선 후보였습니다. 하지만 DY는 대선주자로서는 끝내 재기하지 못했습니다. 이유는 딱 하나. 2007년의 17대 대통령 선거에서 이명박에게 너무나 크게 패배한 탓이었습니다.

윤석열 정권과 야권의 비명들이 공통적으로 빠진 착각이 있습니다. 이재명을 사법적 절차를 통해 거꾸러뜨릴 수 있다는 믿음입니다. 정당 간의 경우엔 선거에서, 정당 내의 경우에는 경선으로 이재명을 물리쳐야죠. 허구한 날 이재명은 구속된다고 외치며 기우제만 지내서야 되겠습니까? 이재명을 대선에서 한 번 더 꺾어보세요. 그럼 지금 개딸로 불리는 더불어민주당 열혈 지지자들이 이재명 대표를 앞장서서 집으로 돌려보낼 겁니다.

신인규 이재명은 대선에서 한 번 더 지면 개딸들에 의해 정계 은퇴를 당할 운명입니다. 컨설턴트님께서 말씀하신 내용은 정치에 대한 기본적 식견과 조예가 있으면 충분히 공감할 수 있는 부분입니다. 문제는 윤석열 대통령은 그러한 조예와 식견이 근본적으로 결여돼 있다는 점입니다. 그는 거의 평생을 검찰청 안에서 맴돌았습니다. 정적을 가장 깔끔하게 제거하는 방법이 뭔지를 애당초 모르는 사람입니다. 정치는 정치로 풀어야지 정치를 사법으로 풀겠다는 발상은 망상이자 민주주의 파괴적 사상입니다.

윤석열이 이재명 구속을 확신한 이유는 있습니다. 그는 두 명의 전직 대통령을 감옥에 보낸 경험이 있습니다. 이명박도 박근혜도 특검팀장 윤석열로 인해 수년간 영어의 몸이 됐습니다. 대통령도 감옥에 보낸 사람에게 야당 인사가 얼마나 만만하게 보였겠습니까? "내가 감옥에 보내봐서 아는데"가 오히려 윤석열에게는 독이 된 셈이었습니다.

공희준 특검 수사를 받을 무렵에는 현직 대통령 박근혜도, 전직 대통령 이명박도 이미 다 죽은 권력이었습니다. 똑같은 개구리 반찬이라도 산 반찬인지, 죽은 반찬인지 구분을 해야죠. 윤 대통령은 그걸 분간할 안목이 없었습니다. 박근혜나 이명박이나 이재명이나 그저 다들 똑같은 개구리 반찬으로 보였겠죠. 윤석열 대통령은 이준석 대표를 정상적인 경선이 아니라 당내의 사법기관인 윤리위원회의 손을 빌려 제압했습니다.

신인규 이재명에게 썼던 방식을 이준석에게도 동일하게 적용했습니다. 이준석을 재기 불능으로 제거하고 싶었다면 당대표로서 남은 임기 1년을 일단은 보장해줬어야 합니다. 그리고 1년 후 이준석 대표가 당대표 재선에 도전했을 때 장제원을 풀든, 이철규를 동원하든 조직을 풀가동해 경선에서 당원들의 판단을 통해서 승리하면 되는 것입니다. 그러한 정상적인 민주적 과정을 거쳐 김기현 당대표 체제가 탄생했다면 이준석은 아무런 항변도 못 했을 게 분명합니다.

공희준 맞습니다. 임기를 다 채운 이준석 대표는 재선 당대표직에 백 퍼센트 도전했을 테니까요. 대신에 떨어졌겠죠.

신인규 말씀하신 방법대로 정치를 정치로 풀면서 이준석을 비토했다면 나중에 벌어진 사단은 아예 일어나지 않았습니다.

공희준 경선이라는 민주적 외관 아래 숙청된 이준석이 할 수 있는 일은 종편 패널 노릇이나 정치 유튜브 채널 출연이 거의 전부였을지 모릅니다. 전업 유튜버가 될 뻔했던 이준석을 역설적으로 윤석열이 살려줬네요. 윤 대통령의 의도와는 정반대로요.

신인규 윤석열은, 이재명은 당 밖의 사법기관인 검찰과 법원의 손을 빌려, 이준석은 당 안의 사법기관인 윤리위원회의 힘을 이용해 각각 제거하려 시도했습니다. 제거 대상만 달랐을 뿐 제거 작전에 동원된 방식은 똑같았습니다. 윤석열은 대선은 물론 지방선거까지 승리로 이끈 젊고 유능한 당대표를 당내의 사법기관을 총동원해 토사구팽을 시켰습니다. 건전한 상식과 양식을 가진 사람이라면 차마 행하지 못할 짓이었습니다.

공희준 윤석열 대통령은 사법부 수장인 대법원장이 이양희 교수가 아닌 게 땅을 칠 노릇이었을지도 모르겠습니다.

신인규 이양희가 한 명이 아닌 게 아쉬웠겠죠.

공희준 강서구청장 보궐선거에서 참패한 후에 윤 대통령이 처음으로 민심 앞에 고개를 숙입니다. 정확히 말하자면 고개를 숙이는 시늉을 합니다. 그때 윤석열 입에서 나왔던 말이 "국민은 늘 무조건 옳다"는 것이었습니다. 비록 일시적이나마 민심을 향해 꼬리를 내린 건 윤 대통령에게 그만큼 선거 패배의 충격이 컸다는 뜻 아닐까요?

신인규 충격이 꽤 컸을 테죠. 성장하는 사람은 충격을 받으면 자신을 뒤돌아보며 성찰의 시간을 갖습니다. 윤 대통령은 성찰할 능력이 없습니다. 그러니 충격을 받으면 받을수록 더 완고해지고 더 비뚤어지기만 합니다.

공희준 윤 대통령은 성찰의 시간이 아니라 성질의 시간만 갖는 듯합니다. 자기 성질을 이기지 못하니 매일 격노하는 법입니다. 그런 사람은 충격을 받으면 나를 돌아보지 않습니다. 남을 돌아봅니다.

막장드라마 찍은 인요한 비대위의 막간극

신인규 남을 돌아본 결과 인요한 혁신위를 출범시키는 형식으로 김기현 체제를 사실상 불신임했습니다.

공희준 김기현 체제를 탄생시킨 당사자가 바로 윤석열 대통령 아닌가요? 자기가 자기를 불신임하다니, 이는 가히 신의 경지입니다. 그러니 혁신 없는 혁신위가 등장할밖에요. 인요한 혁신위원회는 혁신위가 아니라 미봉에 그친 미봉위였습니다. 그때 모양새가 참 해괴했던 게 보통은 혁신위가 출범하면 기존 지도부는 사퇴하기 마련입니다. 그런데 김기현 당대표와 인요한 혁신위원장이 억지로 공존하면서 국민의힘은 머리가 두 개 달린 뱀처럼 되고 말았습니다. 암흑기도 아니고, 그렇다고 암흑기가 아닌 것도 아닌 김기현과 인요한이 동거했던 시기를 저는 정전기라 부르고 싶습니다. 정전으로 전깃불이 나가서 집권 여당이 칠흑같이 어두워진 때라고요. 암흑기나 정전기나 광명과는 거리가 먼 건 마찬가지지만요. 그러면서 강서구청장 보궐선거 이후에 당을 진정으로 바꿀 수 있었던 두 달을 또다시 낭비했습니다.

저는 인요한 혁신위와 관련해 딱 한 가지 일만 기억납니다. 이준석 대표가 부산의 경성대학교에서 진행하는 토크쇼에 찾아온 인 위원장을 '미스터 린튼'이라는 미국식 이름으로 부른 일이 그것입니다. 윤석열 대통령이 사방에서 쏟아지는 혁신 요구를 회피하려는 의도로 시간끌기용으로 내세운 게 인요한 혁신위원회였기 때문입니다.

신인규 원론과 정석대로 사태를 수습하려면 김태우 후보의 참패에 대한 책임을 지고 김기현 대표가 당대표직에서 사퇴하는 게 맞았습니다. 그다음에 비대위든, 혁신위든 꾸리는 게 올바른 순서였습니다. 그런데 책임지는 사람이 없었습니다. 김기현은 자리를 보전하고, 이철규는 사무총장직에서 물러난 지 불과 18일 만에 인재영입위원회 위원장이란 직함을 달고서 화려하게 부활했습니다.

공희준 기업은 망해도 기업인은 망하지 않는다는 이야기가 있었는데, 당은 망해도 당직자는 망하지 않는 곳이 윤석열 강점기의 국민의힘이었습니다. 너무들 쉽게 부활하거든요.

신인규 이쯤 되면 그 회복 탄력성(resilience)이 좀비에 버금갔습니다. 인요한 위원장이 혁신위원장으로 낙하산을 타고 내려오면서 두 달을 또 잃어버렸습니다. 인요한은 이준석에게 일방적으로 당하지만은 않았습니다. 그는 이준석 대표는 도덕이 없다면서 그것은 부모가 잘못 키웠기 때문이라는 식으로 이준석을 원색적으로 비난하는 패드립을 선보였습니다.

공희준 3김이 한국 정치를 이끌던 시절에는, 아니 군부독재 시대에도 상대방의 외모 공격, 가족 공격, 배꼽 아래 일 공격은 3대 금기사항이었습니다. 지금은 그런 기초적 정치도의조차 실종됐습니다. 정말 개탄스럽습니다.

신인규 저는 2023년 10월 25일에 국민의힘을 탈당했습니다. 인요한 혁신위가 등장하는 광경을 보면서 혁신위원을 선임하기 전에 당을 제 발로 떠났습니다.

공희준 혁신위원회가 완전히 구성된 다음에 탈당했다면 혁신위에 못 들어가니 당을 나갔다는 뒷말이 나왔을 수도 있었겠네요. 그러한 악성 음해를 미연에 잘 차단하셨습니다.

신인규 저는 인요한 박사가 혁신위원장으로 내려온다는 소식을 듣고 보수는 관에 들어간 것도 모자라 아예 관뚜껑을 못으로 박았다는 확신이 섰습니다. 인요한의 등장은 이준석 대표가 국민의힘 탈당을 저울질하기 시작하는 분수령이 됐습니다. 탈당 가능성이 매일 1퍼센트씩 올라간다는 이준석의 발언이 얼마 후부터 나오기 시작했습니다.

이준석 대표는 자신이 국민의힘을 나가면 보수가 치명적으로 분열한다는 프레임을 이때쯤에는 이미 확실하게 구축해 놓은 상태였습니다. 이러한 프레임의 성공적 구축에는 이준석의 능수능란한 언론 플레이가 크게 공헌했습니다. 그러므로 인요한 투입은 이준석을 아예 당 밖으로 쫓아내겠다는 용산의 강력한 의지가 반영된 결정으로 해석될 수밖에 없었습니다. 이준석 대표는 탈당에 대한 명확한 입장 표명을 했어야 옳았습니다. 하지만 본인의 거취와 진로를 앞세워 인요한 혁신위의 출범에 발맞춰 속된 말로 약을 팔았습니다. 따라서 인요한 혁신위의 활동 기간은 이준석의 탈당 마케팅 기간과 거의 정확히 겹쳤습니다.

이로 인해 언론의 관심의 초점은 총선을 앞둔 보수의 분열과 이에 따른 정계개편 여부로 자연스럽게 집약됐습니다. 혁신위에 대한 기대치가 원체 낮은 데다 언론이 이준석의 뒤꽁무니만 따라다니기에 바쁘다 보니 인요한으로서는 이준석 대표를 스토커 비슷하게 쫓아다니는 일 외에는 선택의 여지가 없었습니다.

공희준 스토킹 피해자의 부모를 갑자기 뜬금없이 욕해대는 하늘 아래 둘도 없을 엽기 스토커였습니다.

신인규 인요한의 스토킹 행각이 절정으로 치닫던 그해 12월 13일 오전에 이준석과 김기현 두 전·현직 대표가 전격적으로 회동했습니다. 이준석의 탈당이냐 잔류냐를 둘러싼 마지막 담판이었습니다. 담판이 결렬되면서 김기현 대표는 이날 오후 당대표에서 사퇴하겠다고 밝혔습니다. 이준석 대표는 두 사람의 회동이 있고서 정확히 2주 후인 12월 27일에 그의 지역구인 상계동에 자리한 한 식당에서 기자회견을 열고 국민의힘 탈당을 공식적으로 선언했습니다. 윤석열 대통령에게 시간을 벌어주는 게 목적이었던 인요한 혁신위는 그에 앞선 12월 11일에 이미 조기 해산을 했습니다. 이 모두가 2023년 12월 29일에 출범한 한동훈 비대위를 예고하는 전주곡이었습니다.

공희준 뒤죽박죽 아수라장이네요.

신인규 이준석의 탈당 마케팅과 인요한의 스토킹과 김기현의 패키징 즉 짐 싸기가 삼박자를 이루며 한 치 앞을 내다볼 수 없을 정도로 먼지가 자욱하게 일어났습니다.

공희준 일반적인 사람이었다면 그 자리가 가시방석이었을 텐데 김기현 대표는 엉덩이에 철갑을 둘렀는지 그 불편한 자리를 두 달이나 지켰습니다. 맷집이 강한 건가요, 아니면 고통을 느끼지 못하는 무통증 체질인 건가요?

신인규 고통을 당연히 느꼈겠죠. 그러나 당대표는 김기현 능력으로 올라간 자리가 아니었습니다. 윤석열이 태워준 자리였습니다. 내 능력으로 승차한 게 아니니 하차도 내 맘대로 할 수가 없었습니다.

공희준 김기현에게 인요한과 정치적으로 강제 혼숙한 두 달은 창피하고 부끄럽고, 민망하고 모멸스런 시간이었을 텐데. 정치가 뭐라고.

신인규 인요한 혁신위 두 달은 한동훈 비대위 등장을 준비하는 길 닦기의 기간이었습니다.

공희준 한동훈 열성팬의 시각에서 바라보면 인요한과 한동훈의 관계는 세례 요한과 예수 그리스도의 관계일 수 있겠습니다.

신인규 그때 기준으로는 그랬습니다. 그런데 지금은 두 사람이 갈라섰습니다.

공희준 역시나 한동훈 열성팬의 시각에서 바라보면 인요한은 알고 보니 세례 요한이 아니라 예수를 로마 병사들에게 팔아먹은 가롯 유다였네요.

신인규 혁신위에서 비대위로 전환되는 동안은 한동훈과 인요한의 밀월 기간이었습니다. 인요한 위원장이 한동훈 위원장을 앞장서서 찬양하며 신나게 경배할 때였습니다.

공희준 "기쁘다, 구주 한동훈 오셨네" 모드였네요. 한동훈 위원장은 법무장관을 2023년 12월 21일에 사퇴했습니다. 이준석 대표가 탈당을 발표하기 엿새 전이었습니다. 이는 여권 수뇌부가 이준석의 여당 탈당을 이즈음이면 완전히 기정사실

화했다는 의미입니다.

신인규 김기현과의 12월 13일 만남이 성과 없는 노 딜로 끝나며 이준석의 탈당은 확정적이 됐습니다.

공희준 김정은과 트럼프의 두 번째 북미 정상회담이 아무런 소득 없이 마무리되었던 2019년 2월 하노이 노 딜의 국민의힘 버전이었습니다. 김기현은 윤석열의 대리인 자격으로 이준석과 얼굴을 맞댔을 텐데 노 딜로 그치고 만 제일 중요한 원인은 무엇이었을까요?

신인규 12월 초중반은 이준석 대표의 탈당 마케팅이 최고조에 달한 시기였습니다. 이준석 대표의 원내 진입 방안과 관련된 논의가 이 대표 측과 용산 대통령실 간에 물밑에서 심도 있게 이뤄졌을 가능성을 배제하기 힘듭니다. 윤석열 대통령의 무절제한 우경화로 말미암아 국정운영에 대한 유권자들의 긍정평가 비율이 바닥을 기는 상황이었습니다. 여당의 수도권 선거는 폭망이 확실시됐습니다. 이 와중에 이준석 대표가 또다시 노원으로 출마한다면 사지로 들어가는 격이었습니다.

공희준 서울에서는 집권당이 강남 빼고 전멸하는 분위기였습니다.

신인규 이준석 대표는 천아용인을 비롯해 자신과 가까운 열 명 정도의 출마자에게 당선 가능성이 있는 지역구를 마련해줘야 할 책임을 지고 있었습니다. 이준석 대표를 필두로 이준석계로 분류되는 인사들에게 당선 가능성이 있는 지역구들을 윤석열 대통령 쪽에서 보장해줄 수 있었다면 이 대표는 당에 잔류하는 방향으로 거취를 결정했을 공산이 높습니다.

공희준 윤핵관들 챙겨주랴, 박근혜계 챙겨주랴, 이명박계 챙겨주랴, 한동훈계 챙겨주랴, 대선 정국에서 민주당에서 넘어온 인사들 챙겨주랴, 이준석계를 배려하기에는 윤석열 대통령이 총선에서 챙겨줘야 할 사람들이 너무 많았습니다.

신인규 김기현은 이준석을 끝까지 붙잡으려 했습니다. 그러나 윤 대통령과 이 대표 간의 불신감과 적대의식은 김 대표가 중재할 수준을 진즉에 넘어섰습니다. 무엇보다도 윤석열이 이준석이 이탈해도 한동훈으로 그 공백을 충분히 메울 수 있다고 판단했기 때문입니다.

공희준 조중동을 위시한 대다수 보수 매체들은 한동훈이 이준석의 빈자리를 채우고도 남는다고 나팔을 불어댔습니다.

신인규 이준석의 단점이 보완된 업그레이드 이준석이라고 한동훈을 극찬했습니다. 보수 성향 언론사들은 한동훈을 사법고시 붙은 이준석이라고, 조직관리 경험 있는 이준석이라고 대대적으로 추켜세웠습니다. 키도 더 크고 체형도 더 날씬하다는 낯간지러운 외모 품평도 마다하지 않았습니다.

Part 9

강남보수 한동훈의
길들여진 반란

이준석과 한동훈의
김 빼기 경쟁

공희준 한동훈 비대위가 출범하고 3주 정도 후인 2024년 1월 20일에 이준석 대표가 개혁신당을 창당했습니다. 말로만 그치리라는 일각의 비웃음 섞인 예상을 뒤엎고 드디어 진짜로 새로운 독자 정당을 만들었습니다. 개혁신당의 등장은 보수의 분열인가요? 또는 외연 확장인가요? 아니면 윤석열 탓에 초래될 거대한 정치적 멸종 사태를 피해서 보수의 명맥을 이어가려는 노아의 방주 같은 존재의 출현인가요?

신인규 형식상으로는 보수의 분열로 볼 수도 있습니다. 핵심은 윤핵관으로 상징되는 국민의힘 기득권 토호세력이 이준석을 보수의 임플란트가 아닌 보수의 충치로 여겼다는 점입니다. 그들은 이준석 대표를 당장 발치해야만 할 썩은 이로 간주했습니다. 이준석도 이러한 사실을 뚜렷이 깨닫고 있었습니다. 그렇기 때문에 이준석 대표는 탈당을 전후한 무렵에는 보수에 대한 언급을 최대한 자제했습니다. 그는 보수와 진보를 뛰어넘은 유능하고 합리적인 제3지대 건설을 신당의 목표로 표방했습니다. 보수이념을 사실상 스스로 폐기한 셈입니다.

공희준 제3지대의 통합 차원에서 이낙연 전 국무총리가 주도하는 새로운미래와 합당을 추진했습니다. 그전에 양향자 의원이 이끄는 한국의희망과 통합을 성사시켰습니다.

신인규 이준석이 보수이념을 고집하는 한에서는 절대로 고려도, 실행도 할 수 없는 일들이었습니다. 이준석은 주류 보수진영이 자신을 먼저 버렸다고 생각했기 때문에 자기 또한 기존의 낡은 보수와의 결별을 결행할 수 있었습니다. 그런데 한 가지 애로사항이 발생했습니다. 이준석 대표가 특정한 인터넷 커뮤니티의 영향을 크게 받아왔다는 점입니다.

공희준 펨코, 즉 에펨코리아 말씀이지요?

신인규 예, 그렇습니다. 이준석이 이낙연과 합친다고 하니까 펨코 게시판에서 난리가 나면서 이 대표의 지지층이 격렬하게 반발했습니다. 이 반발을 뛰어넘을 수 없었던 이준석 대표는 이낙연 전 총리 진영과 통합을 선언한 불과 11일 만에 합당 방침을 철회해버렸습니다. 결과적으로 중도로의 확장을 포기하고 보수의 2중대로 회귀하고 말았습니다. 제3지대에 희망을 걸었던 국민적 바람은 물거품이 되었고 새로운 정치실험은 파탄 난 채 이준석과 이낙연 두 지도자들의 말의 신뢰성이 바닥으로 추락하는 쓰라린 경험이었습니다.

공희준 저는 그 대목이 너무나 아쉽습니다. 요체는 이낙연의 위상과 새로운미래의 몸값이 아닙니다. 정치인은, 정당은 부단한 확장을 도모해야 합니다. 자전거가 달리지 않으면 쓰러지는 이치와 매한가지입니다. 만약 기존 지지층이 그들과는 다른 이질적 지지층의 유입에 반대한다면 기존의 지지자들을 어떻게든 설득해야 합니다. 텃세를 부리는 개인과 집단치고 성공하는 경우는 거의 없기 때문입니다.
역사적 사례를 들어보겠습니다. 김대중 국민회의 총재가 김종필 자유민주연합 총재와 1997년 대선 정국에서 손을 잡겠다고 하니까 기존 지지자들 사이에서 민란에 가까운 반발이 일어났습니다. 노무현 새천년민주당 후보가 정몽준 국민통합21 후보와 단일화에 나서겠다고 하니까 노사모를 중심으로 난리가 났습니다. 제가 당시 친노무현 커뮤니티의 대표 격이었던 서프라이즈의 편집장 겸 운영자였는데 저는 후단협의 지지를 받는 정몽준과 단일화를 하느니 차라리 우리 모두 장렬하게 옥쇄를 하자고 절규 반 선동 반을 했었어요. 하지만 DJP 연합 덕분에 사상 최초로 수평적 정권 교체가 실현되었고, 노정 단일화가 이뤄지면서 참여정부가 탄생할 수 있었습니다.

새로운미래에 구시대 정치인들이 여럿인 건 맞습니다. 그 당이 영양가가 없는 것도 사실이고요. 하지만 이준석과 이낙연의 거리가 김대중과 김종필의 거리만큼 멀까요? 그와 동시에 개혁신당과 새로운미래의 차이가 노사모와 현대그룹의 차이만큼 클까요? 저는 그렇지 않다고 생각합니다. 이준석 대표가 윤석열 대통령과 이재명 대표를 싸잡아서 비판하는 지점이 있습니다. 윤석열과 이재명 모두 강성 지지층에게 무기력하게 끌려다닌다는 사실입니다. 그런데 이준석 대표도 강성 지지층에 휘둘리기는 피장파장입니다.

신인규 저는 이준석과 이낙연의 결합을 논의 초기부터 반대했습니다. 두 정치인에 대한 신뢰가 없었던 것도 핵심적인 이유였지만 더 정확하게는 정치공학적 결합이었기 때문입니다.

이준석과 이낙연과 금태섭과 류호정과 박원석이 같은 지붕 아래 모여서 도대체 뭘 하겠다는 것인지 이해할 수가 없었습니다. 명분이 생략된 채 단지 권력만을 잡기 위한 발버둥으로 보였습니다. 만일 이들 모두가 신인급 인사들이라면 긁지 않은 복권에 해당할 테니 그와 같은 혼합적 구성을 용인해줄 수도 있습니다. 그러나 그분들은 전부 다 이미 긁어본 복권이잖아요. 결과는 거의 전부 꽝이었고요. 이 이질적인 인물들과 세력이 어째서 같이 모였겠습니까? 같이 모여서 뭘 하자는 건가요? 이런 의문이 들었습니다. 단지 금배지만 달면 장땡이라는 원초적 욕망의 발로였습니다. 수차례 반복되어 온 구태현상이지만 이러한 금배지 연합은 그 본성상 오래갈 수가 없습니다.

이 무리한 통합의 주요한 주체는 이준석 대표였습니다. 누가 시켜서 한 통합이 아니라 이준석의 선택과 결정으로 스스로 추진하고 실행한 통합이었습니다. 최선을 다해 통합을 유지할 무거운 책무가 이준석에게는 있었습니다. 그런데 통합 합의를 열하루 만에 무책임하게 깨버렸습니다. 무책임의 극치였습니다. 그로 인해 이낙연 전 총리는 광주에 출마했다가 선거비용도 백 퍼센트 보전받지 못할 만큼 민심의 매서운 심판을 받았습니다. 저는 이준석도 민심의 심판을 받았다고 생각합니다.

공희준 이번에 국회에 입성했는데도요?

신인규 이준석은 금배지를 달았지만 각종 여론조사에서 개혁신당의 지지율은 5퍼센트 내외의 박스권에 줄곧 갇혀 있습니다. 이준석이 강성 지지자들의 압력에 굴복해 일방적으로 통합을 결렬시킨 대가이자 후과입니다. 이준석 얼굴에 이준석을 위한, 이준석에 의한, 이준석의 정당으로 전락해버린 셈입니다. 보수 2중대라는 오명도 쉽게 벗어내기 어려울 것입니다. 자신들이 선택한 결과이니 책임도 져야겠지요.

공희준 용인술과 관련해 아주 유명하고 지혜로운 옛말이 있습니다. "의심나면 쓰지 말고, 썼으면 의심하지 말라"라는 오래된 가르침입니다. 저는 이 격언을 이렇게 준용하렵니다. "의심나면 손잡지 말고, 손잡았으면 의심하지 말라"라고요. 이 이야기의 실질적 강조점은 쓰지 말라거나 또는 손잡지 말라는 데 있지 않습니다. 썼으면 혹은 손잡았으면 의심하지 말라는 부분에 있습니다. 일단 손을 잡았으면 죽이 되든 밥이 되든 무조건 계속 가는 게 정답이었습니다. 당장은 손해로 보여도 장기적 안목에서 바라보면 그게 남아도 크게 남는 장사였습니다.

신인규 최소한 22대 총선 투표일까지는 통합 합의를 유지해야 했습니다. 잘못된 합의를 하는 문제와 국민 앞에서 이미 이룬 어떠한 합의를 쉽게 깨버리는 것은 평면이 다른 별개의 문제입니다.

공희준 상대방의 단점이 아무리 눈에 크게 들어와도 눈 꾹 감고 갔어야죠. 그게 바로 노무현과 정몽준의 결정적 변별점이었습니다. 정몽준은 중간에 뭔가에 토라져 산통을 깼고, 노무현은 엎질러진 물이라도 담아보겠다며 정몽준 자택으로 자존심 꾹 누르고 찾아갔습니다. 사람들은 중요한 국면에서는 능력이나 이념을 보지 않습니다. 신의가 있고 없음과 그릇의 크고 작음에 주목합니다.

신인규 새로운미래와의 졸속 통합과 일방적 결별은 정치 지도자로서 이준석 대표의 리더십의 한계를 다시금 적나라하게 노출한 사건이었습니다. 개혁신당과 새로운미래와 새로운선택 등의 제3지대 세력은 2024년 2월 9일, 용산역에서 설날을 맞아 고향으로 향하는 시민들에게 합동으로 귀성 인사를 했습니다. 다양한 색깔로 구성된 무지개 연합을 국민들 앞에 공개적으로 선보였습니다. 설을 앞두고 화합하는 모습을 과시하려는 지극히 정치공학적 행보였습니다. 아무런 감동도 없었고 국민을 위한 설득의 노력도 없었습니다. 그저 비토연합, 즉 양당의 기득권이 싫으니 우리에게 금배지를 달라는 국민적 겁박처럼 느껴졌습니다. 통합의 효과가 전혀 없었던 것이지요. 전통적으로 당명에 '통합'이라는 글자가 들어가면 잘 안 됩니다. 통합은 꼭 필요한 요소이지만 인위적으로 되지 않거든요. 정당은 명분과 가치 위에 모여야 하고 그 진정성이 인정받는 데에도 시간이 걸립니다. 신뢰 위에 쌓지 않으면 사상누각이 될 뿐입니다.

공희준 저는 현대 대의민주주의 체제에서 정치공학은 필요하다는 소신을 갖고 있습니다. 정치공학의 반대편에는 금력을 동원한 집단 매수와 총칼을 앞세운 군부의 쿠데타가 자리하고 있기 때문입니다.

신인규 정치공학적 행보라는 비판을 감수하며 통합을 했으면 진득하게 그 합의정신을 지켰어야 합니다. 목숨 걸고 통합했으면 목숨 걸고 끝까지 지켜내는 모습을 보였어야 했습니다. 그러나 같이 사진 찍기가 무섭게 며칠 후에 서로 삿대질을 해대고 싸우니 정치인들의 즉흥성과 변덕스러움만 드러냈습니다. 또다시 제3지대가 오염되는 불명예를 낳은 것입니다. 역사 앞에 이준석과 이낙연이 지은 죄라고 봅니다.

21세기 대중정치의
뉴노멀
강성 지지층

공희준 그렇지만 통합의 전격적 파기에 이준석 대표의 강성 지지층은 열광했습니다.

신인규 강성 지지층은 자신들의 존재감을 확인했으니 만족과 희열을 느끼게 마련이었습니다. 그런데 지지하는 정치인을 들었다 놨다 하며 행복해한다는 측면에서 일반 국민의 눈에는 개딸들과 이준석 대표의 지지자들이 다르지 않게 보였습니다. 자신들의 정치적 효능감을 누릴 뿐이지만 강성 지지층에 끌려다니는 정치인은 대중적 신뢰를 깊게 쌓기 어렵습니다. 개혁의 딸들과 개혁신당의 아들들이 오십보백보로 여겨지는 상황이었습니다.

공희준 통합을 유지했다면 이준석 개인은 원내 입성에 또다시 실패했을 수 있습니다. 그럼에도 저는 개혁신당이 새로운미래와 결별하는 게 아니었다고 생각합니다. 이준석 대표에 대한 기대에는 두 가지 성격이 있습니다. 첫째는 그가 의정활동 잘하는 똑똑한 국회의원이 됐으면 하는 희망입니다. 둘째는 똑똑한 국회의원보다는 사람 좋은 대통령이 됐으면 하는 바람입니다. 야무지고 빠릿빠릿한 인간보다 통 크고 품 넓은 사람이 되기를 염원하는 것이지요. 이준석 대표의 강성 지지층은 그가 빈틈없고 빠릿빠릿한 정치인이 되기를 바라는 기색입니다. 젊은 사람들은 깊은 사색과 고민보다는 빠른 두뇌 회전과 순발력 있는 임기응변을 선호하기 마련이니까요.

신인규 이준석 열혈 지지자들이 재치와 똑똑함에서 더 큰 효능감을 느끼는 성향은 있습니다. 하지만 어느 정파와 정당이든 강성 지지층이 주도권을 잡으면 확장성과는 반대 방향으로 쏠리는 법입니다. 이를테면 이재명 대표에게 개딸들이 이제는 자산이 아닌 부채가 돼가고 있습니다. 다소 확장성을 저해하고 있으니까요. 윤석열 정권 또한 보수결집의 구실 아래 더더욱 폐쇄적으로 변했습니다.

공희준 저는 이준석 의원이 광활한 남태평양으로 나아가 참치 떼를 잡는 동원수산이 되기를 바라는데 그의 강성 지지자들은 이준석을 육지 근처의 가두리 양식장에서 키운 광어와 도다리를 납품받는 청해수산으로 현재 기준으로는 결과적으로 만들어가고 있습니다. 외양으로는 같은 수산업이어도 질적으로는 차원이 다른 수산업입니다.

신인규 이준석 대표는 바다에 내려놓았던 보수의 깃발을 새로운미래와의 통합이 결렬되면서 다시 집어 들었습니다. 본인이 탈당 과정에서 국민 앞에 했던 약속은 헌신짝처럼 다 버려졌습니다. 그는 그렇게 다시 보수가 됐습니다. 개혁신당이 '보수의 정의당'으로 운신의 공간이 좁아진 배경입니다. 정의당이 왜 망했겠습니까? 민주당 2중대 노릇에 안주하다 몰락했습니다. 만약 이준석의 개혁신당이 국민의힘 2중대 구실에만 머무른다면 정의당이 쇠락해간 전철을 피하기 어렵습니다. 지금 그 길을 가고 있다고 봅니다.

공희준 이준석을 '청년 심상정'으로 평가하고 계신 것 같네요?

신인규 청년 심상정은 심상정이되 무기력한 청년 심상정으로 볼 수 있습니다. 심상정 전 정의당 대표는 4선 국회의원의 반열에 올랐습니다. 이준석 대표도 심상정이 달았던 횟수만큼 금배지를 달 수도 있을 것으로 전망됩니다. 그렇지만 심상정을 4선 의원으로 만들어주는 대가로 대한민국 진보정치가 어떻게 됐습니까?

공희준 꾸준히 하향곡선을 그려왔습니다.

신인규 집권에 실패하면 특정 정치인은 흥해도 조직으로서 당은 소멸하고 맙니다. 이준석이라는 정치인의 가치를 국민은 살려주었지만 이준석 스스로 자신의 정치적 자산을 무너뜨렸다고 볼 수밖에 없습니다. 정치인의 말과 행동은 신뢰를 기반으로 하지 않으면 안 되는 것이니까요.

윤석열과 한동훈의
정치적 영구 결별

공희준 이준석이 정리되면서 윤석열 대통령은 그의 간절한 소망이었을 '검사당'을 마침내 완성했습니다. 그런데 검사당이 완성되자마자 김건희 명품 가방 사건이 정치권 최대 현안으로 떠오르며 이 문제의 처리 방향과 관련해 윤석열과 한동훈의 정면충돌, 즉 소위 윤한 갈등이 빚어졌습니다. 이준석 대표는 최초 단계에서는 이를 약속 대련으로 일축했습니다. 눈썰미 좋기로 유명한 이준석이 여권의 권력판도를 뿌리부터 흔들게 될 윤한 갈등을 왜 치밀하게 기획된 사전 각본 아래 짜고 치는 화투로 오인했을까요?

신인규 이준석 대표는 장점도 많지만 단점도 적지 않습니다. 대표적 단점이 검찰조직의 특성과 검사들의 생리에 대한 이해가 모자란다는 점입니다.

공희준 이준석이 착하게 살아서 그렇습니다. 저처럼 검찰청에 불려가 혹독한 조사를 받아본 사람이라야 검찰에 관한 이해도가 생깁니다. 검찰을 알려면 사법시험에 붙을 필요도, 판검사나 변호사가 될 필요도, 로스쿨에 들어갈 필요도 없습니다. 저같이 왕년에 검찰에 소환당해 담당검사에게 탈탈 털려보면 금세 알게 됩니다.

신인규 이준석은 검찰에 관해 굉장히 순진한 인식을 가지고 있습니다. 이양희에 대해서도 나이브했듯이 검찰을 띄엄띄엄 보는 측면이 있어요. 검찰세력의 본질은 이준석이 알고 있는 것과는 크게 다릅니다.

공희준 검사들에게 직접 시달려보지 않으면 검찰에 대해 표피적 관찰만 하게 됩니다.

신인규 검사들의 생리를 모르니 윤석열과 한동훈의 불화가 약속 대련으로 보였습니다. 저는 사태의 초동 단계부터 이를 약속 대련으로 생각하지 않았습니다. 윤석열과 한동훈이 진짜로 싸운다고 판단했습니다. 이제는 다 그 사실이 입증되지 않았습니까? 국정감사를 앞두고 윤석열 대통령이 한동훈 대표를 패싱하며 친윤 세력 중심으로 당을 운영하는 것을 보면 제 예상이 맞았다고 생각합니다. 약속 대련이 아니었으니까요. 윤 대통령과 한 위원장은 짜고 칠 수 있는 변변한 연기력조차 없는 사람들입니다. 우리는 지금 친박 공안부 검사 황교안에서 시작해 친이 특수부 검사 한동훈으로 끝나는 최근 보수정치의 흐름과 역사를 짚고 있습니다. 결국 윤석열과 한동훈 두 사람은 충남 서천의 서천특화시장 화재 현장에서 만나 갈등을 봉합하는 모양새를 연출했습니다.

공희준 코박홍 홍준표를 뺨치는 코박한 한동훈이 탄생하는 씁쓸한 순간이었습니다.

신인규 한동훈 비상대책위원회에서 비대위원으로 활동하던 김경율 회계사가 김건희 여사를 프랑스 루이 16세의 왕비였던 마리 앙투아네트에 비유한 게 갈등 폭발의 도화선으로 작용했습니다.

공희준 이에 격노한 윤석열 대통령이 한동훈 비대위원장의 사퇴를 요구하면서 사태가 일파만파로 확산됐습니다. 이면에서는 김 여사가 한 위원장에게 열심히 텔레그램 메시지를 보내고 있었고요.

신인규 윤석열과 한동훈은 그때를 기점으로 정치적으로는 완전히 남남 사이가 됐습니다. 한 위원장 본인이 실토한 얘기입니다. 한동훈이 윤석열 앞에서 한 차례 땅바닥에 넙죽 코를 박았지만 윤과 한이 정치인으로서 영구 결별하는 단계에 진입하는 대세를 되돌리기에는 역부족이었습니다. 이번 당대표 경선에서 '배신자론'까지 등장한 게 그 증거입니다. 한동훈이 정치적 홀로서기에 시동을 건 것만은 분명해 보이고, 미래권력의 출현을 순순히 방관하는 과거권력은 없습니다.

하지만 우리가 눈여겨볼 대목이 있습니다. 윤석열과 한동훈이 정치적으로는 결별했으되 사법적으로는 여전히 공동운명체라는 점입니다. 두 사람이 과거에 함께 저지른 일이 나중에 사법적 단죄의 대상이 될 수 있기 때문입니다. 이를테면 김영삼 정부가 역사바로세우기 작업을 추진하면서 전두환과 노태우는 피고석에 나란히 서서 손을 잡는 모습을 보여줬습니다.

공희준 윤석열 대통령과 한동훈 대표가 여의도에서는 밥도 같이 먹지 않는 남남이 됐지만 서초동에선 반갑게 해후할 수도 있겠네요.

신인규 이준석의 오판은 윤석열과 한동훈이 아직도 정치적으로 한 몸이라고 생각한 데서 비롯됐습니다. 윤 대통령과 한 대표가 결별하면서 생긴 공백을 신지호 같은 인물들이 채우고 들어왔습니다.

공희준 윤석열 대통령은 뉴라이트 인사들에게 둘러싸이면서 완전히 난조에 빠졌습니다. 한동훈 대표가 이러한 광경을 빤히 봤을 텐데 본인까지 왜 뉴라이트들을 중용하는 건가요?

신인규 저는 한 대표도 윤 대통령만큼이나 선구안이 부족하다고 생각합니다. 사람 보는 눈에서는 두 사람이 피차일반입니다. 신지호 전 의원은 멀리해야 할 사람입니다. 가까이 해봤자 이로울 게 없습니다. 극우 유튜버들 가운데 한 명일 뿐인 사람에게 당의 전략기획 분야를 맡긴 것을 보면 한동훈도 역사의식이 투철한 정치인은 아닙니다.

공희준 윤석열 대통령과 한동훈 대표 주변에는 극좌도 있고 극우도 있습니다. 인물군의 스펙트럼은 넓은데 막상 건질 만한 사람은 보이지 않습니다.

신인규 김건희 여사는 본인과 윤 대통령을 진보의 오야붕으로 표현한 적이 있습니다.

공희준 윤석열과 김건희 두 사람이 지금은 극우 유튜버들의 대부와 대모가 각각 됐습니다. 카멜레온이 울고 갈 변신입니다. 대통령 부부가 앞장서서 그렇게 현란한 팔색조급의 변신을 해왔음에도 불구하고 올해 총선에서 윤석열 정권은 민심의 가차없는 응징을 당했습니다. 총선이 역대급 정권 심판 선거였던 이유에 대한 분석은 이미 무수히 나왔으니 이에 관해서는 더 부연하지 않아도 될 것 같습니다. 이제 곰곰이 따져봐야 할 일은 총선 참패에 대처하는 윤석열의 자세에 대한 것입니다. 여태껏 목도되지 못했던 기상천외한 대처였습니다.

신인규 여당인 국민의힘은 총선에서 108석을 얻는 데 그쳤습니다. 역대 여당 기준으로 최악의 참패입니다. 황교안의 미래통합당은 103석을 확보하는 데 머물렀지만 그건 어디까지나 야당일 때 받은 성적표였습니다. 개헌 저지선은 넘겼다는 식의 자기 위안은 가능했습니다. 따라서 여당이 개헌 저지선을 확보한 데 의미를 부여한다는 것은 있을 수 없는 일입니다.

공희준 세상이 아무리 좋아졌어도 우리나라에서 눈에 보이지 않는 관권선거는 기본값입니다. 여당 프리미엄이 여전히 쏠쏠히 존재합니다.

신인규 선거에서 집권 여당이 유리하면 유리했지 불리한 건 거의 없습니다. 108석이 여당에게 충격적 의석일 수밖에 없는 이유입니다. 그런데 더 충격적 사태가 있습니다. 겨우 108석을 얻어놓고 윤석열 정권 사람들이 드러내놓고 좋아한다는 점입니다. 그나마 퇴학은 면했기 때문에 무기정학이나 낙제 정도면 만족스럽다는 표정들입니다.

공희준 김종인 위원장이 안철수 의원을 향해 내뱉었던 '정신이 이상한 사람'이라는 독설을 지금은 윤석열 정권 사람들이 들어도 쌉니다.

신인규 충격과 경악은 계속 이어집니다. 22대 국회의원 선거 결과를 받아든 윤석열 대통령의 반응이 무엇이었느냐? 이제부터 정치를 하겠다는 포부의 피력이었습니다. 강서구청장 보궐선거 직후에는 국민은 늘 무조건 옳다고 하더니, 이번에는 정치를 하겠다고 합니다. 그래서 이재명 더불어민주당 대표와의 영수회담에 합의하기는 했는데, 경색된 여야 관계를 푸는 데는 이 회담이 전혀 기여하지 못했습니다. 윤 대통령이 정치를 하겠다고 했지만 객관적으로 평가하면 윤석열 정권에게 그 어떤 정치적 활로도 현재 보이지 않고 있습니다.

공희준 특정한 조직이나 집단이 망했을 때 네티즌들은 이를 본인상을 당했다고 빗대곤 합니다. 예를 들면 우리나라 축구가 40년 만에 올림픽 본선 진출에 실패하자 축구팬들은 이를 정몽규 회장 체제의 대한축구협회가 본인상을 당했다며 야유했습니다. 지금 정부 여당의 상황이 올해 총선을 기해 본인상을 당한 것과 매한가지 처지거든요. 그런데 윤 정부와 국민의힘이 본인상을 당한 일에 대해 윤석열 대통령을 위시한 정부 여당 수뇌부가 열을 지어 '좋아요'를 누르는 격입니다. '슬퍼요'를 눌러야 마땅한 경우에 '좋아요'를 누르고 있으니 상주도 아니고 문상객도 아닌 제가 다 눈물이 납니다. 너무나 어이가 없는 탓입니다.

신인규 말로는 쇄신하겠다고 했는데 이후에 발표된 정부 인사의 면면들을 살펴보면 국민을 상대로 전쟁을 하고 있습니다. 방송통신위원장에 이진숙, 고용노동부 장관에 김문수. 이게 정치를 하겠다는 대통령에게 어울리는 행동인가요?

기네스급 총선 참패와
윤석열의 신들린 연기

공희준 윤 대통령은 총선 이후로 더 완고해지고 고집불통이 됐습니다. 완전히 딴 세상에 사는 사람 같습니다.

신인규 재기와 부활을 이루려면 유권자의 심판을 받게 된 원인과 요소를 제거해야 합니다. 현실은 심판당한 원인과 요소들에 대한 제거는커녕 되레 굳히기에 들어갔습니다. 이건 해법이 아닙니다. 작심하고 패망하겠다는 패법이고 망법입니다. 당에서는 한동훈 비대위원장이 총선 참패에 대한 책임을 지고서 선거 이튿날 사퇴했습니다. 한동훈이 내세운 이조심판론 전략이 도리어 역풍을 초래한 데다 한 위원장이 당정 갈등의 한 축인 탓이었습니다. 한동훈이 물러난 지 한 달도 되지 않아 황우여 전 의원이 후임 비대위원장으로 취임했습니다. 황우여는 정치인으로서 고인물도 아닌 이미 흘러간 물입니다. 그는 관리형 비대위원장을 표방했습니다. 말이 좋아 관리이지 실질적으로는 아무것도 바꾸지 않겠다는 뜻이었습니다. 아무것도 바꾸지 않겠다고 하니 누가 돌아왔습니까? 선거 사령탑으로 총선을 이끌었던 직전 비대위원장이 정식 당대표가 되어 복귀했습니다.

공희준 주인공인 배우 장서희 씨가 얼굴에 점 하나 찍고 변신하는 막장드라마 〈아내의 유혹〉에 버금갈 낯 뜨거운 컴백이었습니다.

신인규 이 3개월 만의 '한의 귀환'에 63퍼센트에 가까운 당심과 보수층 민심이 지지를 보냈습니다. 압도적 지지였습니다.

공희준 제가 황우여라는 이름을 처음 접한 게 이회창 한나라당 총재가 잘나가던 시절이었습니다. 이회창의 최측근으로 황우여가 언론에 등장했거든요. 지금부터 무려 사반세기 전인 아득한 옛일입니다. 윤석열의 시계는 한없이 거꾸로 거꾸로 돌아가고 있습니다. 더욱이 선거 끝나자 이제부터 정치를 하겠다는 이야기는 수험생이 시험 끝나자 이제부터 공부를 하겠다는 얘기나 프로 스포츠 선수가 구단에서 방출 통보를 받자 이제부터 운동을 하겠다는 얘기와 진배가 없습니다.

신인규 국민들의 실소를 자아내는 소리였습니다.

공희준 저는 총선 패배에 대처하는 윤 대통령의 태도에서 한때 인기리에 방송됐던 KBS의 예능 프로그램 〈1박2일〉이 연상됐습니다. 해당 프로그램에서 게임에 진 출연진에게 주어지는 복불복 벌칙이 시큼한 까나리액젓을 마시는 것이었습니다. 다른 사람들은 상큼한 아이스아메리카노커피를 마시고요. 그런데 어떤 방송분에서 출연자 가운데 한 명이 까나리액젓을 먹었는데 마치 아이스아메리카노커피를 마신 것처럼 태연한 표정을 지었습니다.

신인규 벌칙을 받지 않은 것처럼 천연덕스럽게 연기를 했네요.

공희준 그러자 제작진도 누가 까나리액젓에 당첨 아닌 당첨이 됐는지 헛갈려 했습니다. 지금 윤석열 대통령의 모습이, 국민이 벌칙으로 내놓은 까나리액젓을 마셔놓고 아이스아메리카노커피를 마신 것처럼 능청스럽게 가장하는 것과 같습니다. 어쩌면 윤 대통령은 방금 원샷으로 들이켠 게 아이스아메리카노커피라고 자기 세뇌를 부지런히 하고 있는지도 모르겠습니다. 이 정도 수준이면 정신승리가 아닙니다. 정신창조이고 정신초월입니다. 현실부정의 최종보스가 따로 없습니다. 윤석열은 선거에서 지고도 미동조차 하지 않는 초유의 뉴노멀 현상을 만들어냄으로써 세계 정치사에 신기원을 이뤘습니다. 윤석열 대통령 나름 뭔가 믿는 구석이 있기에 저처럼 지고도 당당한 게 아닐까요?

신인규 총선 참패에도 불구하고 대통령실도 정부도 여당도 바뀐 게 실제로는 없습니다. 이 기괴하고 황당한 상황이 앞으로 2년가량 계속될 전망입니다.

공희준 지지층도 질적으로는 변화가 없습니다.

신인규 지지층에는 변화가 있습니다. 그 규모와 숫자가 하루하루 줄어들고 있거든요. 2023년 8월 마지막 주 기준으로 한국갤럽 여론조사에서는 윤석열 대통령의 국정 수행에 대한 긍정 평가 비율이 23퍼센트까지 하락했습니다. 최근에는 한국갤럽 여론조사가 윤석열 대통령에 대한 긍정 지지율이 20퍼센트까지 떨어지기도 했습니다. 이제 지지율의 반등이 없으면 정권의 내부 분열은 필연입니다.

이렇게 안팎의 여건이 악화일로를 걸음에도 윤석열이라는 사람은 왜 바뀌지 않느냐? 윤석열은 지난 대선에서 이재명에게 승리했습니다. 그로 인해 자신을 이재명보다 우월한 존재로 인식해왔습니다. 윤 대통령에게 이 대표는 대등한 경쟁자가 아닙니다. 수사와 재판의 대상일 뿐입니다. 이재명을 이겨봤다는 경험이, 이재명보다 자신이 더 우월하다는 자신감이 윤석열을 지탱하고 있다고 봐야죠. 완전한 착각입니다. 하지만 이러한 심리상태는 자만과 안일함을 부르는 승자의 저주에 지나지 않습니다. 이미 승자의 저주의 덫에 빠져 있다고 봐야 합니다. 아마 여기서 헤어나기 어려울 겁니다.

공희준 이재명 대표에 대한 우월의식 하나만으로 윤석열 대통령이 지금처럼 과도한 자신감에 빠져 있지는 않을 것 같습니다.

이명박 정권의
윤석열 정권
법정관리

신인규 이재명에 대한 우월감이 윤석열의 첫 번째 믿는 구석이라면, 두 번째 믿는 구석은 검찰조직을 배경으로 각종 권력투쟁에서 승리해온 윤 대통령의 개인적 이력입니다. 윤석열 대통령은 검사 시절에 박근혜 정권을 치기 시작해 결국 쓰러뜨렸습니다. 그 후에는 문재인 정권의 검찰총장으로 영전해 이명박 대통령을 구속했을 뿐만 아니라 조국 전 법무부 장관까지도 제압했습니다. 그다음에는 국민의힘으로 옮겨와 대선 후보 자리를 차지하고 종국에는 대권까지 거머쥐었습니다. 정치에 입문한 지 고작 8개월 만에 거둔 승리였습니다.

윤석열 대통령의 검사로서 화양연화는 이명박 정부에서 본격적으로 시작됐습니다. 이진숙 직전에 방송통신위원장을 지냈던 사람이 김홍일 전 대검찰청 중앙수사본부장입니다. 그는 MB 정권 때인 2009년에 대검 중수부장으로 발탁됐습니다. 윤석열 대통령은 김홍일 중수부장 밑에서 대검철창 중앙수사부 1과장과 2과장을 차례로 역임했습니다. 이명박 정권의 중후반기에 해당하는 2010년과 2011년의 일이었습니다.

공희준 사람들은 잘 모르는 얘기네요. 국민들은 윤석열 대통령이 박근혜 정권의 국정원 댓글 공작 의혹 사건을 수사했던 일만 주로 기억합니다.

신인규 윤석열 대통령은 이명박 정부 시절에 검사로서 왕성하게 출세할 수 있는 토대를 구축했습니다. 김홍일-윤석열의 중수부 라인이 이명박 검찰의 핵심이었기 때문입니다. 대검 중수부는 문재인 정권 시절인 2019년에 반부패수사부로 문패를 바꿔달았습니다. 중수부는 대선자금 같은 정치권과 관련된 일들을 수사하는 기구였습니다. 여의도에서는 저승사자 같은 무시무시한 공포의 존재로 통했습니다.

그러므로 윤석열 대통령과 친박 세력의 악연 관계는 이명박 정부 시절로까지 소급될 수가 있습니다. 윤석열 대통령은 당시 여주지청장으로 있으면서 국가정보원 여론조작 사건 특별수사팀장을 맡았습니다. 친박 세력과는 악연이 깊습니다.

공희준 이쯤 되면 같은 하늘을 이고 살기 어려운 사이입니다.

신인규 박근혜 정권은 채동욱 검찰총장의 혼외자 문제를 꺼내며 역공에 나섰습니다. 박근혜의 역공에 당한 윤석열은 이후 4년 가까이 한직을 전전하며 절치부심을 합니다. 윤석열이 와신상담하는 동안 친이계가 박근혜에 의해 정치적으로 멸절되다시피 했습니다. 그러다 박영수 특검에 합류하면서 다시금 성공 가도를 질주하게 됐습니다. 관건은 국정농단 사건의 특별검사로 임명된 박영수 전 서울고검장이 박지원 의원과 박영선 전 의원 같은 민주당 정치인들과 친분이 두터웠다는 점이었습니다. 당시 국민의당 소속이었던 박지원 의원이 그를 특별검사로 적극 추천한 일은 널리 알려진 사실입니다.

공희준 박영수가 윤석열이 민주당과 인연을 맺을 수 있는 오작교 역할을 한 셈이네요.

신인규 박영수 특검에 합류하며 화려하게 부활한 윤석열은 문재인 더불어민주당 대표 진영과 교류할 수 있는 기회까지 잡게 됐습니다. 친문 세력의 일원으로 편입할 통로를 마련한 것이죠. 그러나 그는 친문으로 계속 남아 있지 않았습니다. 문재인표 검찰개혁의 기수이자 아이콘이었던 조국을 침으로써 보수로 건너올 명분을 만들게 됩니다. 저는 윤 대통령이 문재인 정부의 검찰총장에서 보수의 구세주로 거듭난 일을 전향이나 변질이라 보지 않습니다. 원대복귀라고 평가하고 싶습니다. 그 무렵 국민의힘은 친박 당대표 황교안이 엎어지고, 친박들의 위세에 오랫동안 눌려 있던 친이들이 재차 당의 중심부로 밀고 올라오는 상황이었습니다. 친이계와 가까웠을 윤석열을 위한 무대가 착착 준비되고 있었습니다.

공희준 윤석열을 범이명박 계보로 분류하셨는데, 이명박 전 대통령을 감옥에 보낸 사람이 하필이면 윤석열이었습니다. 윤석열 대통령을 MB맨의 범주에 넣는 건 조금 억지스럽지 않을까요?

신인규 그즈음에는 MB 본인은 이미 실권 없는 존재였습니다. MB계는 이명박 없는 이명박계를 꾸리고 있었습니다. 단적으로, 윤석열의 국민의힘 입당에 앞장선 권성동과 장제원 모두 이명박의 남자였습니다.

윤 정부의 진용을 보면 MB계의 성격이 확연히 두드러집니다. 이주호 현 교육부 장관은 이명박 정부의 마지막 교육과학기술부 장관을 역임했습니다. MB 정부에서 국민권익위원장과 특임장관을 지냈던 이재오 전 의원은 윤석열 정부에서 행정안전부(행안부) 산하의 기타 공공기관인 민주화운동기념사업회의 회장으로 임명됐습니다. 윤석열 정부를 뜯어보면 소재와 부품과 장비 모두에서 이명박 사람들이 즐비합니다. 윤석열이 이명박을 사법처리한 일은 문재인 정부의 신임을 얻기 위한 고육지책일 수도 있습니다. 그럼에도 이명박계는 윤석열과 손을 잡았습니다. 권력만 차지할 수 있다면 적과의 동침도 불사해야만 했으니까요. 기회주의가 만남의 광장에서 만난 격입니다.

공희준 말씀을 듣고 보니 우리나라에서 검찰은 공정한 사법기관이 아니라 고도의 정무조직으로 생각됩니다.

신인규 이재명에 대한 승리의 추억과 검사로서 현란한 줄타기를 통해 성공한 경험이 총선에서의 대패에도 불구하고 윤석열이 바뀌지 않고 있는 두 가지 주요하고 핵심적인 원인이라

할 수 있습니다.

공희준 나의 사전에 못 갈 곳이란 없다는 것이네요. 뻐꾸기에 비유하자면 알 낳고 싶은 곳이면 언제 어느 장소에든지 알을 낳을 수 있는 능력이고요.

신인규 그와 같은 놀라운 탁란을 가능하게 해준 게 다름 아닌 검찰입니다.

공희준 검찰을 통해서라면 어디로든지 워프할 수 있다는.

신인규 윤석열 대통령의 기획력과 기동력은 검찰조직이라는 든든한 뒷배경이 있기에 가능했습니다. 그는 검찰만 장악하고 있으면 그러한 기획과 기동이 가능하다고 아직도 철석같이 믿고 있는 것으로 보입니다. 현란한 드리블과 교묘한 줄타기가요. 어디든 알을 낳아 부화시킬 수 있는 탁란 능력도 본인에게는 의연히 건재하다고 생각할 테고요.

공희준 한 번은 통해도 두 번은 통하지 않는 게 세상의 이치입니다. 윤 대통령이 그걸 모르는 듯합니다.

신인규 윤석열 대통령은 검찰을 동원한 자신만의 성공방정식에 지나치게 도취해 있습니다. 승자의 저주에 단단히 걸리고 말았습니다.

윤석열도
못 피해간
성공의 저주

공희준 윤석열이 변하지 않는 또 다른 이유가 있지 않을까요?

신인규 세 번째가 있다면 종교적 확신으로 보입니다.

공희준 윤 대통령은 무종교로 알려져 있습니다.

신인규 윤 대통령은 공식적으로는 종교가 없는 것으로 소개돼 있습니다. 그런데 배우자인 김 여사는 자신을 영적인 사람이라고 말해왔습니다. 『구약 성경』을 통째로 외워 무당에게 가르쳤다고 자랑할 정도였습니다. 제가 방금 언급한 종교의 범위는 불교와 개신교와 가톨릭 같은 고등종교에만 국한되지 않습니다. 흔히 무속으로 불리는 샤머니즘도 여기에 포함됩니다. 윤석열 대통령은 "하면 된다"는 종교적 수준의 확신으로 살아온 사람입니다. 윤 대통령의 그러한 확신은 "간절히 원하면 온 우주가 도와준다"는 박근혜 전 대통령의 신념을 연상시킵니다. 윤 대통령은 자신을 지금의 자리까지 올려놓은 승리 공식대로 열심히만 하면 못할 게 없다고 믿고 있습니다. 본인을 승리의 상징으로 여깁니다. 승자의 저주에 걸린 상황에서 정치를 시작했다고 보는 것이 맞을 겁니다.

공희준 이쯤 되면 나이키 운동화의 모델을 농구황제 마이클 조던에서 윤석열로 교체해야 할 것 같습니다. 나이키가 승리의 여신인 니케의 영어식 발음에서 따온 상표명이니까요.

신인규 윤석열 대통령이 이와 같은 자기 최면에 빠지는 건 일견 수긍할 구석이 있습니다. 그는 정치인으로 데뷔한 지 8개월 만에 대통령에 당선됐습니다. 평생 딱 한 번 공직선거에 출마했는데 그게 바로 대통령 선거였습니다. 김영삼 정부 시절에 깜짝 놀랄 만한 젊은 후보로 지목돼 성가를 높였던 이인제 전 노동부 장관은 국회의원을 6번 했어도 결국 대통령이 되지 못했습니다.

공희준 충청권의 맹주이자 한국 정치의 대표적 풍운아인 김종필 전 국무총리조차 9선 국회의원을 했지만 대통령의 꿈은 끝내 이루지 못했습니다. 국무총리만 두 번 해봤습니다.

신인규 안철수 현상의 주인공인 안철수도 결국은 대권에서 멀어졌습니다. 천하의 김대중과 김영삼도 대통령이 되는 데 30년 넘게 걸렸고요. 박정희와 전두환과 노태우는 총칼의 힘이 없었다면 정권을 잡지 못했습니다.

공희준 이명박과 박근혜와 문재인 세 명의 전직 대통령도 10년 넘게 정치권에서 온갖 풍상을 겪어야만 했습니다.

신인규 윤석열은 남들은 온갖 고생을 하면서 겨우 오른 대통령 자리를 경선 한 번에 선거 한 번으로 몇 달 만에 차지했습니다. 스스로를 선거의 제왕으로 여길 만합니다.

공희준 본인을 불세출의 정치 천재로 자임할 수도 있겠네요.

신인규 평상시의 종교적 확신과 너무나 손쉽고 간단하게 집권한 여파로 과잉 팽창된 자아(ego)가 서로 결합하면서 윤석열 대통령은 그를 승리로 이끌어준 방식에 과도하게 집착하게 됐습니다. 나만 옳고 나만 지혜롭다는 윤 대통령의 저 옹고집을 누가 꺾을 수 있겠습니까? 그는 어떠한 변화와 혁신도 거부하다가 결국에는 비참하게 몰락하고 마는 승자의 저주에 아주 제대로 걸려들었습니다.

공희준 실감 나고 일상적인 극사실주의적 구어체 용어로 윤 대통령의 현재 심리상태를 설명하셨는데, 제가 글로 정리하는 과정에서 해당 표현을 옹고집으로 수위조절하겠습니다.

신인규 윤석열의 옹고집이 꺾이는 순간이 마침내 오게는 돼 있습니다. 그때가 언제냐? 윤 대통령이 반드시 이뤄지리라고 믿었던 정권 재창출에 실패한 순간에 이르면 비로소 현실을 직시하게 될 것으로 예상이 됩니다. 정권을 재창출하지 못하면 실패한 대통령으로 기록되는 법입니다. 그때는 지금까지 단단히 유지되어온 특유의 아집과 맹신이 허망하게 무너지게끔 돼 있습니다.

Part 10

영남보수가
불러올
보수의 대분열

윤석열 정권 내에는
끊지 못할
보수 연패의 사슬

공희준 정치에는 두 가지 종류가 있습니다. 첫째는 다수의 일반 민중을 상대로 광장에서 '으샤으샤'를 하는 것입니다. 둘째는 검찰이나 재벌 같은 극소수의 권력층과 어울려 밀실에서 '사바사바'를 하는 것입니다. 총선이 끝나자 윤 대통령은 이제부터 정치를 하겠다고 말했습니다. 음습한 밀실의 제왕 노릇을 청산하고 넓고 환한 광장으로 나와서 '으샤으샤'의 정치를 하겠다는 선언인데, 윤 대통령은 검찰에 있으며 거의 항상 '사바사바'의 정치를 해온 사람 아닌가요? 민물고기가 바닷물에서는 서식할 수가 없는데.

신인규 대통령 선거에서의 승리는 본인의 실력보다는 운으로 이긴

기적 같은 승리였습니다. 더군다나 선거 승리에 요구되는 전략과 기술들도 자기 스스로 개발해 구사한 게 아니었습니다.

공희준 그 전략과 기술들은 이준석 대표 같은 인물들이 윤석열 후보에게 반강제로 장착시킨 외골격 로봇 슈트 같은 것들이었습니다.

신인규 윤석열 대통령은 자신이 잘나고 똑똑한 덕분에 대선에서 이겼다고 착각해왔습니다. 그러한 착각에 깊숙이 빠진 탓에 강서구청장 보궐선거에서도, 22대 국회의원 총선거에서도 판판이 깨졌습니다.

공희준 7·23 전당대회에서도 대패했습니다. 용산 대통령실이 당무 개입의 비난을 얻어가며 당대표로 전폭적으로 밀었던 원희룡 후보가 18.85퍼센트의 득표에 그치며 한동훈에게 완패했거든요.

신인규 전당대회까지 포함한다면 치욕의 3연패였습니다. 윤석열 대통령을 얽어매고 있는 연패의 사슬은 좀처럼 끊어지지 않을 듯합니다. 앞으로도 지는 일만 남았기 때문입니다. 그러나 연패에 종지부를 찍을 날이 물론 도래하기는 할 겁니다. 윤석열이 정치적으로 완벽히 파산하는 날이 바로 그날입니다.

공희준 그러면 아예 선수자격을 박탈당할 테니 경기에 나갈 일도 없을 테고, 경기에 나갈 일이 없으니 패수(敗數)도 더는 쌓이지 않겠네요.

신인규 그러한 방식으로 연패에 종지부를 찍는 게 무슨 소용이 있겠습니까? 그때쯤이면 다음 정권이 윤 대통령을 사법적으로 탈탈 털고 있을 텐데. 그제야 부랴부랴 반성하고 성찰해봐야 이는 너무나 늦은 옥중 회심일 뿐입니다. 자신이 무슨 사도 바울인가요? 옥중에서 회심해 새로운 역사의 창조에 나서게.

공희준 윤 대통령이 빠진 터무니없는 자아도취와 과대망상을 배우자인 김건희 여사가 깨줘야 하는데 오히려 옆에서 부추기는 양상입니다.

신인규 김 여사가 더 증폭시키는 측면은 있습니다. 그러나 윤석열 대통령은 성인입니다. 자신의 결정과 행동에 책임을 져야

하는 나이 대에 이미 오래전에 접어들었습니다. 자기의 고집과 독선으로 초래된 사태에 대한 책임은 오롯이 윤 대통령 본인의 몫입니다.

공희준 황우여 비대위는 당을 살리는 용도가 아니라 윤 대통령의 기를 살리려는 목적의 비상대책위원회였습니다. 그 외에는 딱히 한 일이 없습니다.

신인규 황우여 비대위 체제는 침대 축구를 시전하려고 꾸려진 비대위였으니 당연히 한 게 없었습니다. 계속 시간만 보내면서 혁신과 개혁의 기회를 잃어버리게 된 것입니다.

공희준 지고 있는 팀은 시간 끌기 목적의 침대 축구를 하지 않습니다. 점수가 뒤지고 있으면 아픈 부위에 물파스 대충 뿌린 다음에 이 악물고 열심히 뛰어야 정상 아닌가요? 윤석열 강점기의 국민의힘은 지고 있으면서도 선수들이 걸핏하면 운동장에 벌러덩 드러눕습니다. 황우여 비대위 3개월은 지고 있는 팀이 침대 축구에 외려 몰두하는 추태의 극치를 보여줬습니다.

신인규 침대 축구는 이기고 있거나 아니면 무승부가 목표인 팀이 구사하는 변칙적 작전입니다. '0 대 5'로 지고 있는 팀이 침대 축구를 한다는 것은 그야말로 관객 모독입니다. 이런 상황에서는 고의 패배나 승부 조작이라고 욕을 먹어도 할 말이 없습니다.

공희준 친윤석열 세력은 한동훈이 총선에서 일부러 졌다고 적반하장으로 성을 냈습니다. 지고 있는 상황에서 물 마시겠다며 시간 끌고, 선수교체 과정에서 어슬렁어슬렁 걸어 나온 건 친윤들이었는데.

신인규 올해 미국 대통령 선거에서 민주당의 캐멀라 해리스 부통령 진영은 공화당의 도널드 트럼프 전 대통령 측을 '이상하다(weird)'고 집중적으로 비판하고 있습니다. 영어 단어 'weird'가 제격인 사람들이 윤석열 대통령과 그를 따르는 추종세력입니다.

공희준 그래서 저는 윤석열 대통령이 나쁜 사람인지 아니면 아픈 사람인지 종종 혼동이 옵니다. 나쁘다고 말하기에는 하는 일들마다 너무나 뒤죽박죽에 엉망진창입니다.

신인규 윤석열의 성공방정식은 권력층과 기득권층을 사바사바로 줄을 세우는 데 그 핵심적 도식이 있습니다. 이는 민심의 선택으로 움직이는 현대 민주주의 정치의 본질과는 정면으로 괴리됩니다. 민심이 선택한 결과물로 윤석열 대통령은 당내 경선을 포함한 중요한 선거에서 3연패를 당했습니다. 이는 윤석열표 성공방정식의 유통기한이 종료됐다는 의미로 해석돼야 합니다. 정치검찰이 정치권력을 획득하여 검찰정치를 해왔지만 그 유통기한이 만료됐음을 깨달아야만 윤석열 대통령은 변화하고 혁신할 테지요. 그러나 검찰정치가 심판받는 그때는 돌이키기에는 이미 늦었습니다. 백약이 무효할 때쯤에 깨닫게 되는 거죠. 공부할 기회가 없어질 때 공부의 소중함을 느끼는 인생의 무상함과 유사한 과정이라고 봅니다.

공희준 다행히 뒤늦게나마 혁신이 되기는 되네요.

신인규 차 떠난 다음의 뒤늦은 혁신이 무슨 소용이 있겠습니까? 윤석열 대통령은 정치적으로 이미 퇴출당한 상태일 텐데요. 게다가 윤석열이 정치에서 퇴출됐다는 건 아주 중요한 혁신이 이뤄졌다는 의미이기 때문에 윤석열의 때늦은 혁신은 있어도 그만이고 없어도 그만인 뜬금포 혁신에 불과합니다.

공희준 농구 경기로 치자면 승패가 확연히 기울어진 가비지 타임(Garbage Time)에 연속 3점포 터뜨리고 인 유어 페이스 덩크 성공시키며 맹활약하는 셈이네요. 인저리 타임 또는 가비지 타임으로 간주될 수 있는 황우여 비대위가 마무리되고 새로운 지도부가 정식으로 출범했습니다. 한동훈 전 비상대책위원장이 신임 대표로 선출됐기 때문입니다. 그런데 한동훈 체제의 등장은 국민의힘이 '도로 검사당'이 된 일로 평가절하되기도 합니다.

신인규 또 다른 친이 특수부 검사가 당을 장악했습니다.

발광체 윤석열과 반사체 한동훈의 질긴 인연

공희준 윤 대통령은 몰라도 한 대표를 친이로 분류하는 것은 약간 애매하지 않을까요?

신인규 저는 애매하지 않다고 생각합니다. 윤석열과 한동훈은 발광체와 반사체의 관계입니다. 윤석열 대통령은 친이계와 손잡고 정권을 획득했습니다.

공희준 김건희 여사와 한동훈 대표 두 사람이 윤석열 대통령이 집권한 데 따른 양대 수혜자이기는 합니다. 윤석열 정권이 탄생한 덕분에 전자는 영부인이 되었고, 후자는 법무부 장관이 되었으니까요.

신인규 친윤과 친한은 뿌리와 철학이 달라서 갈라선 게 아닙니다. 이해관계가 엇갈려 분화했을 뿐입니다. 노선과 이념의 관점에서 한동훈은 윤석열과 확실하게 차별화된 독자적 세력을 구축하지 못했습니다. 한동훈의 수석 브레인일 신지호 전 의원도 친이계일 만큼 한동훈 대표는 이명박 세력의 영향권 안에 갇혀 있습니다.

공희준 신지호는 이명박 정권 초기에 치러진 18대 총선에서 한나라당 공천을 받아 금배지를 달았습니다. 뉴타운 바람을 타고서 민주당 강세 지역인 도봉에서 김근태 전 보건복지부 장관에게 승리했습니다. 민주화 운동의 대부가 수구 뉴라이트에게 패배했다며 많은 사람이 분노와 허탈감에 빠졌었습니다.

일각에서는 김건희를 돕던 인사들이 한동훈으로 갈아탔다고 주장합니다. 한동훈 대표가 윤석열 대통령과는 정치적으로 절연했지만 김건희 여사와는 핫라인을 유지하고 있다는 시각입니다. 북한은 남한을 따돌리고 미국과 직거래하려는 '통미봉남' 전략을 오랫동안 외교의 근간으로 삼았습니다. 북한처럼 한동훈이 윤석열을 소외시킨 채 김건희와 무언의 교감을 나누는 '통김봉윤' 전술을 사용할 가능성도 있지 않을까요?

신인규 김 여사가 윤 정권 안에서 수행해온 역할이 분명히 있긴 합니다. 윤석열과 한동훈 사이에서 중재에 나서기도 하고, 대통령의 정상외교에서 유별난 존재감을 뽐내기도 했습니다. 그러나 저는 본질에 천착해야 한다고 생각합니다. 윤석열의 뒷배 노릇을 해온 이명박계 사람들은 총선 참패를 계기로 윤석열 대통령에게 정치적 파산선고를 내렸습니다. 윤석열을 조용히 용도폐기했습니다. 윤석열 정권의 실패와 몰락에는 MB계의 책임이 작지 않습니다. 이들 또한 친윤들처럼 심판과 응징의 대상입니다. 그러나 이명박계는 제2의 윤석열을 발굴·육성해 또다시 정권을 만들겠다는 야욕을 키우고 있습니다. 이들 가운데 동작이 날랜 인사들이 지금 한동훈 주변에 모여든 형국입니다. 이명박계의 주요한 특성이자 해묵은 고질병인 뿌리 깊은 기회주의가 다시금 강력하게 발동하고 있습니다. 문제는 한동훈의 미래가 점점 더 불투명해지고 있다는 점입니다. 그 구체적 실례가 뭔지 아세요?

공희준 한동훈의 때 이른 쇠락을 입증해줄 생생한 물증이 뭔지 저도 궁금합니다.

신인규 배현진 의원이 7월 전당대회 이후로 지금까지 현안에 대해 아무 말도 하지 않고 있습니다.

공희준 아무 말도 하지 않으니 아무 일도 일어나지 않고 있겠네요.

신인규 전당대회 국면에서 배현진은 한동훈 대표 만들기의 최선봉에 서며 윤석열 대통령의 특무상사인 친윤의 핵심 이철규 의원과 거친 설전도 마다하지 않았습니다. 직접 나서서 싸움을 하기도 했지요.

공희준 이철규의 원내대표 출마 여부를 둘러싸고 두 사람이 전화통화를 나눈 음성까지 까발리며 지저분한 진흙탕 싸움을 벌였던 일이 기억납니다.

신인규 배현진이 왜 돌연한 하안거에 들어갔느냐? 한동훈이라는 이름의 봉우리에 올라갔다가 이 산이 아니라며 서둘러 하산했을 수 있기 때문입니다.

공희준 그걸 전문용어로 간 보고 도망갔다고 표현합니다.

신인규 배현진 의원은 그동안 권력의 풍향에 매우 예민하게 반응해왔습니다.

공희준 권력의 동향에 민감하게 촉각을 곤두세운 대부분의 생계형 정치인들이 그러한 정치적 생리를 갖고 있습니다.

신인규 배현진 의원은 친한계를 표방했습니다. 그런데 채 상병 특검법으로 한동훈이 용산 대통령실과 야당 사이에서 샌드위치 신세가 됐음에도 한동훈 대표에게 더 이상 구원의 손길을 뻗치지 않고 있습니다.

공희준 배현진 의원이 8페이지로 제작되는 선거 공보물 제일 마지막 쪽에 한동훈 비대위원장과 나란히 앉아 손뼉을 치는 사진을 큼지막하게 실었었습니다. 그걸 생각하면 지금 배현진의 스탠스는 참 매정하고 맹랑합니다.

신인규 배현진 의원이 언제 활동을 재개하느냐? 차기 권력의 향방이 어디로 갈지 윤곽이 서서히 드러나면 그때 움직일 걸로 추정됩니다.

공희준 배현진이 권력의 소재지를 알려주는 살아 있는 내비게이션이네요.

신인규 지금 시점에서 한동훈 대표를 열심히 공개적으로 옹호하는 사람이 딱 두 명 있습니다. 지명직 최고위원에 임명된 김종혁 최고위원과 한동훈 체제에서 전략기획부총장으로 기용된 신지호 전 의원입니다. 두 사람은 잃을 게 없는 원외 인사란 공통분모가 있습니다. 앞에서는 입을 다문 다른 사람들은 친윤계와 친한계를 막론하고 물밑에서 부글부글 끓고 있습니다. 제가 여러 시사방송 프로그램에 출연하며 만나본 여당 측 출연자들은 대기실에서는 하나같이 모두까기인형이 됐습니다. 그 대상이 대통령 윤석열이든 당대표 한동훈이든 가리지 않고 격렬하게 비판하고 있습니다. 반면 이들은 방송국 카메라의 빨간불만 켜지면 갑자기 딴사람으로 돌변해 마음에도 없는 소리를 늘어놓곤 합니다. 이런 반증들을 곱씹어보면 한동훈은 이미 끝났다는 냉정한 평가가 보수 내부에서 내려진 게 아닌가 싶습니다.

공희준 윤석열 대통령이 '사면윤가'의 처지로 고립됐다면, 한동훈 대표는 '사면한가'의 총체적 난국에 빠졌군요.

신인규 윤 대통령은 현재권력이고, 한 대표는 미래권력입니다. 두 권력은 양립 불가능합니다. 한동훈이 압도적 득표율로 집권당 당대표에 당선되기는 했는데, 두 달도 채 되지 않아 나락으로 빠져들고 있습니다. 그로 인해 친한으로 변신했던 사람들 가운데 상당수가 중립기어 모드로 태세전환을 했습니다. 윤 대통령은 여권 내의 권력투쟁에서 기력을 회복해 역공을 개시했습니다.

공희준 한동훈이 피지도 못하고 지는 건 윤석열의 반사체라는 태생적 한계 탓일까요?

신인규 한동훈 대표는 반사체에서 발광체로의 질적인 도약을 이룩했어야 했는데 그걸 여태껏 이뤄내지 못했습니다.

공희준 한동훈이 화려한 스펙과 적극적 팬덤이라는 편안한 현실에 안주한 영향입니다.

신인규 전당대회의 당대표 경선 국면은 발광체로 변신하기에 최적의 기회였습니다. 하지만 그는 유충에서 번데기까지는 성장했는데 번데기에서 성충으로의 탈피를 망설였습니다.

공희준 허물을 제때 벗지 못했네요. 제때 벗지 못한 허물은 치명적 허물이 됩니다.

신인규 한동훈 대표는 번데기로부터 성충 단계로 모습을 바꾸는 변태를 겁내다 윤석열 대통령을 위한 삶은 번데기 안줏감이 되고 만 형세입니다. 한동훈은 김건희 특검과 채 상병 특검과 관련해 민심의 명령에 복종하는 선택을 함으로써 국민의 지지를 얻을 절호의 기회가 있었습니다. 그러나 그는 용산 대통령실의 눈치를 살피느라 이 소중한 기회를 헛되이 유실하고 실기했습니다. 한동훈은 전진해야 할 때 전진하지 못했습니다. 도리어 후퇴 명령을 내린 다음 무질서하게 퇴각했습니다. 지금 국민의힘은 권력의 공백상태에 빠진 가장 위험한 처지에 있습니다.

공희준 눈치 빠른 배현진 의원이 한동훈을 손절할 만합니다. 공중파 텔레비전의 9시 메인 뉴스의 앵커로 발탁되려면 실력도 있어야 하지만 눈칫밥도 보통은 넘어야 하니까요. 한동훈이 퇴각하는 모습은 안철수가 철수하는 모습을 방불하게 했습니다.

신인규 안철수가 10년 걸려 철수한 거리를 한동훈은 몇 달 만에 주파했습니다. 한동훈 대표는 제2의 황교안의 길을 따라가는 것인지도 모르겠습니다.

공희준 철수계의 우사인 볼트였습니다. 안철수 의원은 철수할 단계에 돌입하면 이도 저도 아닌 모호하고 어중간한 입장을 취하며 연막을 피우곤 했습니다. 그와 동시에 '새정치'처럼 실체를 파악하기 곤란한 추상적이고 뜬구름 잡는 개념을 내세웠습니다.

신인규 안철수의 '새정치' 역할을 한동훈에게는 '국민 눈높이'가 해주고 있습니다. 한동훈 대표가 말하는 국민 눈높이의 정확한 고도를 아무도 모르고 있습니다.

공희준 그 높이는 때에 따라 세계 최고봉인 에베레스트 산일 수도 있고, 서울 한복판의 남산일 수도 있고, 여의도 국회의 담벼락 높이일 수도 있습니다. 한동훈 대표가 국민 눈높이의 정확한 치수를 말해주지 않으니까요.

신인규 국민이 특검을 받으라고 요구한 대상은 한동훈이 아닌 윤석열이었습니다. 한동훈은 민심을 얻으려는 목적으로 본인이 먼저 제3자 추천 방식의 특검을 수용하겠다고 말했습니다. 민심이 바라는 건 윤 대통령 부부를 반드시 사법처리하자는 게 아닙니다. 윤석열 대통령과 김건희 여사가 예외도 성역도 없는 공정하고 투명한 특검 수사를 받으라는 것이었습니다. 국민과 용산 대통령실의 이러한 줄다리기에 한동훈은 초대도 받지 않았으면서 느닷없이 끼어들어 제 3자 추천 특검 카드를 툭 던졌습니다. 말을 했으면 책임을 져야 하는데 한동훈 대표는 국회법 제79조에 규정된 의안 발의에 필요한 최소한의 인원인 현역 국회의원 10명의 찬성조차 받지를 못하고 있습니다. 여당 의원 108명 가운데 1할도 한동훈에게 동조하지 않고 있습니다. 명색이 여당 당대표로서 너무나 무능하고 무기력합니다. 리더십이 없어도 지독히 없습니다. 남이 출제한 문제는 풀지 못할지언정 자기가 낸 문제는 풀어야 할 것 아닙니까? 한동훈은 본인이 출제한 문제의 해답을 찾지 못해 머리를 쥐어 안고서 혼자 끙끙대고 있습니다. 결국 한 대표는 채 해병 특검법 발의의 기본요건인 10명의 의원조차 모으지 못했습니다. 그게 현재의 실력을 보여주는 현주소입니다.

한동훈은 윤석열 정부의 성공을 돕겠다는 공약 정도만 내세웠어도 여유 있게 당대표가 될 수 있었습니다. 그러나 중도층으로 외연 확장을 꾀하겠다면서 안철수의 새정치만큼이나 오리무중인 국민 눈높이를 내세우며 호기롭게 진격에 나섰다가 중간에 수렁에 빠져 오도 가도 못하는 신세가 됐습니다. 이런 사람을 누가 유능하고 책임감 있는 지도자라고 생각하겠습니까? 한동훈의 당대표 당선을 위해 목청을 높이던 배현진이 막상 전당대회가 끝나자 잠잠해진 게 다

그럴 만한 이유가 있습니다.

공희준 한동훈 대표가 배현진 의원에게 사무총장 같은 비중 있는 당직을 맡기지 않으니 감정이 상한 게 아닐까요? 배현진이 신임 사무총장으로 물망에 올랐지만 최종적으로는 재선 의원인 서범수 의원으로 낙착됐거든요.

신인규 배현진 의원의 정확한 속내는 본인만이 알 수 있습니다. 확실한 사실은 전당대회 이후로 중앙정치와 관련된 배 의원의 말수가 확연히 줄어들었다는 점입니다. 배현진으로 뉴스 검색을 해보면 정치면 기사는 거의 없고 그를 집요하게 스토킹하던 50대 남성에게 결국 실형이 선고됐다는 소식 같은 사회면 기사들이 주로 눈에 띕니다.

공희준 사실상 잠수를 탔네요.

신인규 갑자기 해녀가 됐습니다.

공희준 해녀는 해녀이되 권력의 전복을 캐는 고도의 정무감각을 지닌 해녀에 비견될 수 있습니다.

신인규 22대 국회 개원 기념 여야 국회의원 친선 축구대회에 참석한다는 기사도 떴네요.

공희준 귀하신 몸이니 공 차다가 괜히 다치지 말아야 하는데.

신인규 배현진은 이철규의 사나운 공세로부터 한동훈을 지켜냈을 만큼 한동훈 당대표 탄생의 최고 수훈갑입니다. 그 개국공신이 한 대표 취임 후에는 극도로 말을 아끼고 있습니다. 석연치 않은 침묵입니다. 배현진은 김기현 당대표 만들기를 위해 나경원 의원을 주저앉히는 연판장의 작성과 회람에 박수영 의원과 함께 투톱으로 맹활약했었습니다.

공희준 '연판장의 여신'이라 불려도 손색이 없을 전천후 활약이었습니다.

신인규 배현진 의원은 국민의힘이 중요한 내부 권력투쟁에 휘말릴 때마다 번번이 행동대장 역할을 자임했습니다. 그렇다면 한동훈 체제를 흔들려는 당내의 불온한 움직임에 맞서서도 행동에 나서야 합니다. 그런데 현실은 느닷없는 정중동을 유지하고 있습니다.

공희준 수도하는 스님들처럼 여름철을 맞이해 면벽수행에 들어갔나요?

신인규 한동훈 대표 체제에 관한 평가가 백가쟁명하고 있습니다. 이 모든 평가들은 한동훈에 대한 배현진의 태도와 행동 하나로 깔끔하게 집대성될 수가 있습니다.

공희준 "누군가 한동훈의 미래를 묻거든 고개를 들어 배현진을 보게 하라!"인 셈이네요.

신인규 배현진은 길지 않은 제도권 정치인 생활 동안 홍준표, 윤석열, 한동훈을 차례로 섭렵했습니다. 고개를 들어 배현진을 쳐다봤더니 여유롭게 축구를 하고 있었다면 한동훈의 미래에 대한 견적은 거의 전부 나왔다고 봐야 합니다. 한동훈이 사면한가의 궁지에 몰려 있는데 지금이 한가하게 공이나 차고 있을 때인가요? 배현진은 윤석열 대통령의 오른팔인 이철규와도 정면충돌을 불사하며 한동훈 당대표 만들기에 총대를 멨습니다. 따라서 한동훈 대표의 회심의 승부수일 제3자 추천 특검 법안의 발의에도 물불을 가리지 않아야 합니다.

한동훈 대표의 발목을 사사건건 잡는 사람은 추경호 원내

대표입니다. 그 추경호에 대한 전담 수비수 역할을 배현진이 맡아줘야 하는데 지금은 완전히 자유롭게 놔두고 있습니다. 그로 인해 한동훈 대표가 윤석열 대통령과 추경호 원내대표 사이에 낀 샌드위치 신세가 되어 옴짝달싹하지 못하고 있습니다. 여전히 한 대표는 당내에서 고립되고 있고 이젠 당대표가 아니라 원외대표로 국한되는 모양새입니다. 당의 실세인 실질대표는 원내대표인 추경호 의원으로 보입니다. 대통령 만찬에도 한동훈 대표는 배제되었고 추경호 원내대표 중심으로 라인업이 구성되었습니다.

공희준 배현진 의원은 진성준 더불어민주당 의원에게 국회 본회의장에서 눈을 동그랗게 부라리며 "쳐봐, 쳐봐!"를 소리친 후로는 정치권 주요 뉴스에서 종적이 묘연합니다.

신인규 한동훈은 배현진이 주변에서 슬며시 사라진 데 대해 뭔가 심상치 않은 낌새를 눈치 채야만 합니다. 원외 신지호와 김종혁만 주위에 덩그러니 달랑 남았다면 한동훈 대표에게 좋지 않은 모종의 사태가 벌어지고 있다는 신호일 수 있기 때문입니다. 그들도 언제까지 한동훈 대표 옆에 남아 있을지는 상당한 의문입니다. 한동훈 대표가 고립되면 될수록 주변의 사람들이 한 대표의 주변을 더 떠나갈 것이기 때문입니다. 정치가 참 냉정합니다.

공희준 김종혁 최고위원은 본래 뭐 하던 분인가요?

신인규 중앙일보와 종편인 JTBC에서 기자와 앵커로 근무했습니다.

공희준 제가 오지랖 넓게 남 걱정할 처지는 아니지만 김종혁 최고위원도 밤에는 잠을 쉽게 이루지 못할 것 같습니다.

신인규 이것저것 생각하면 갑갑하겠죠. 하지만 이래 죽으나 저래 죽으나 결과는 마찬가지 아니겠습니까? 한동훈에게 한 베팅이 성공해 지명직 최고위원에 오른 지금 열심히 목소리를 내지 않으면 정치인으로서 장래가 막막해질 수 있습니다. 방금 개관한 게 정치인 한동훈과 계파로서의 친한계의 암울한 현실입니다.

윤석열 정권 조기 종식은
국민의힘을
윤정회로 만든 대가

공희준 윤석열 대통령에게 한동훈 국민의힘 대표는 미우나 고우나 윤 대통령을 위한 마지막 비상구 겸 구명정 겸 완강기 구실을 해줄 수 있는 사람입니다. 윤석열의 최후의 의지처일 한동훈이 바닥을 모르고 가라앉는 중입니다. 여기에서 이 대담집의 결론이자 백미일 주제를 다뤄야겠습니다. 바로 미래 전망입니다. 저는 두 가지가 굉장히 궁금합니다. 첫 번째는 윤석열 대통령은 헌법에 규정된 5년의 임기를 무탈하게 채울 수 있을지입니다. 두 번째는 보수는 윤석열 리스크를 제때 떨쳐버리고 정권 재창출을 이룰 수 있을지입니다.

신인규 대한민국 보수진영은 박근혜 전 대통령 탄핵 사태 이후로 비정상의 길을 부단히 달려왔습니다. 만으로 7년 가까이 정상궤도를 이탈해 있습니다. 중간에 김종인과 이준석이 보수 정당을 이끌던 무렵에 잠시 정상으로 돌아올 기미가 보였는데 이는 착시일 뿐이었습니다. 본질은 건드리지 못한 채 이미지만 약간 개선했을 따름이고, 결국 윤석열 세력이 보수의 맹주로 등극하고 말았습니다. 윤석열 강점기에 들어선 보수의 가장 커다란 특색은 정당이 자정 기능을 스스로 완벽하게 상실했다는 데 있습니다. 자정 기능을 상실한 탓에 한국의 보수는 수리가 불가능할 정도로 고장이 나서 용도폐기 외에는 답이 없는 구제불능의 거대한 골칫덩어리로 전락했습니다. 위헌정당이라는 오명에 대해 반박이 어려울 정도로 정당민주주의는 철저히 파괴되었습니다.

보수의 총본산이자 구심점일 국민의힘은 올해 총선에서 108석의 초라한 성적표를 거뒀습니다. 이는 황교안 대표 체제에서 당선됐던 103명이 거의 고스란히 살아남았다는 뜻입니다. 물갈이가 이뤄지지 않은 이유는 자명합니다. '대통령 배우자 김건희 주가조작 의혹 특검법'의 국회 재의결에서 혹시 나올지도 모를 반란표를 방지하려고 기존 금배지들을 다시금 공천해야만 했기 때문입니다. 이는 한동훈 비대위 체제의 작품이었습니다. 이로 말미암아 황교안 체제에 충성했던 망가진 보수들이 무사히 연명해 윤석열 정권의 한 축을 천연덕스럽게 차지했습니다.

윤석열 대통령의 승은을 입은 덕택에 생존에 성공한 저 망가진 보수들을 어떻게 국민의 부름을 받은 선량이라고 부를 수 있겠습니까? 그들은 박정희의 유신독재 체제에서 통일주체국민회의를 거쳐 금배지를 가슴에 단 유신정우회 소속 국회의원들과 다름없습니다. 국민의 대표인 헌법기관이 아니라 대통령의 하수인 또는 거수기에 불과한 용산 대통령실 직원으로 보일 뿐입니다.

공희준 유정회의 윤석열 버전인 윤정회네요.

신인규 맞습니다. 윤정회입니다. 첫 번째 질문에 대한 답변부터 먼저 드리겠습니다. 윤석열 대통령은 5년 임기를 전부 채우기 어렵습니다.

공희준 그렇지만 박근혜 정권 말기와는 달리 아직은 대통령 탄핵 여론이 들불처럼 번지지 않고 있습니다.

신인규 관건은 국정운영 능력의 유무입니다. 윤석열 정권의 수권 역량은 진즉에 바닥을 드러냈습니다. 일찌감치 한계에 다다랐습니다. 그럼에도 용케 버티고 있습니다. 이는 한계를 극복한 때문이 아닙니다. 억지로 한도를 늘려온 덕분입니다. 바닥을 드러낸 국정운영 능력을 충분하게 재충전할 동력과 계기는 보이지 않고 있습니다. 기업에 빗대면 윤석열 정부는 원금 상환은 고사하고 이자도 제대로 내지 못하는 좀비기업입니다. 파산이 멀지 않았습니다. 대한민국에 끼친 해악이 너무 크고 장래적으로도 국가에 끼칠 해악의 크기가 가늠이 되지 않을 정도입니다. 매우 심각합니다.

공희준 보수가 윤석열을 적기에 정리할 수 있을지에 대해서도 답변해주세요.

신인규 정리하지 못합니다. 사실상 지명직 국회의원에 불과한 국민의힘 윤정회 의원들의 대다수는 영남권에 지역구를 두고 있습니다. 영남에 지역 기반을 가진 정치인들은 다음번 총선이 실시되는 2028년까지는 거취와 진로에 대해 별다른 고민과 걱정이 없습니다.

공희준 영남 지역 유권자들은 윤석열 정권에 대한 미련과 애착이 여전히 있어 보입니다.

신인규 윤석열 대통령에 대한 애착과 미련이 얼마나 강하냐면 한동훈 대표가 윤 대통령과 차별화할 조짐만 보여도 당장 한동훈을 거세게 나무라기 일쑤입니다. 윤정회는 정권 재창출 목표에는 관심이 없습니다. 2년 후인 2026년 치러질 지방선거에서 어떻게 하면 공천 장사를 더 잘할 수 있을지에만 온통 신경세포가 곤두서 있습니다. 기회주의의 화신들입니다. 앞으로 두 해 후에 영남에서 공천 장사를 하려면 윤 대통령과 절대로 척을 지면 안 됩니다. 그렇기 때문에 저는 윤석열 대통령은 거시적으로는 임기를 채우지 못하겠지만, 보수에 의해서 퇴출되지는 않을 것으로 예견하고 있습니다. 윤석열과 영남 보수세력은 같은 배를 탄 정치공동체입니다. 반면에 한동훈을 따르거나 한때 따랐던 수도권 보수세력은 윤석열과 운명을 같이할 하등의 이유가 없습니다. 이들이 개혁신당에 합류하거나 집단적으로 탈당해 신당을 차리는 등의 형태로 모종의 거사에 나서면서 윤석열 정권은 임기 도중에 종지부가 찍힐 가능성이 큽니다. 결국 보수는 내부가 먼저 무너지면서 분열로 망하는 길을 가게 될 것으로 예상합니다.

공희준 탄핵에 필요한 200석을 채우려면 국민의힘에서 8명의 이탈표가 나와야 합니다. 그게 현실적으로 가능할까요?

신인규 충분히 가능합니다. 시야를 국민의힘에만 고정하면 2028년까지 아무 일도 일어나지 않을 수 있습니다. 고요의 바다처럼 잠잠할지도 모릅니다. 그러나 정치권 전체를 염두에 두고서 정국의 흐름을 조망하면 샤이 한동훈 세력이 태풍의 눈으로 떠오를 개연성이 짙습니다.

공희준 샤이 한동훈이라.

신인규 영남의 윤정회와는 궁극적으로 진로를 함께할 수 없는 인물들도 숨어 있는 한동훈계 범주에 넣을 수가 있습니다. 실명을 거론하자면 경기도 분당의 안철수 의원과 서울 도봉의 김재섭 의원 같은 사람들입니다. 비례 국회의원 중에서도 윤석열은 희망이 없다고 판단한 사람이 있을 수 있습니다. 이들은 윤석열 정권을 이대로 존속시켰다가는 자신들의 정치 생명은 물론이고 나라마저 결딴이 나겠다는 결론을 머잖아 내릴 텐데, 이 사람들이 영남계가 지배하는 국민의힘에서 당권을 잡을 수 있겠습니까? 아니면 당의 혁신을 추진할 수가 있겠습니까? 전부 가능성이 전무합니다. 그렇다면 대안은 하나밖에 남지 않습니다. 야당과 손잡고 윤석열 대통령을 국회에서 탄핵하는 것입니다. 윤석열을 탄핵하기는 쉬워도, 당을 변화시키기는 어려운 게 가칭 샤이 한동훈들의 숙명적 비애입니다. 미래에 대한 암울한 진단이 그들을 기어코 움직이게 만드는 하나의 동력이 될지도 모릅니다. 검찰 출신 대통령에 대한 두려움도 점점 사라질 것이고요.

공희준 윤석열 대통령이 무능한 통치자이기는 해도 완전 바보는 아닙니다. 야당과 공모해 탄핵 대오에 동참할, 윤 대통령 시점에서 잠재적 모반자가 누군지 뻔히 알 텐데 과연 얌전히 앉아 속수무책으로 당하기만 할까요?

신인규 당연히 관리와 단속에 들어가겠죠. 지금도 윤석열 부부 특검에 대한 방어에만 골몰하고 있는 대통령실입니다.

공희준 국민의힘 8명이 작게는 현 정권의 명줄을, 크게는 나라 전체의 흥망을 손에 쥐고 있네요.

신인규 윤석열과 영남 기득권들은 8명의 반란표를 막으려고 회유건 압박이건 가용한 모든 수단과 방책들을 총동원할 겁니다. 이건 여의도 금배지들 사이의 역학관계와 관련된 층위의 얘기입니다. 하지만 유권자들 수준에서는 이야기가 달라집니다. 수도권에 거주하는 중도 보수 성향 유권자들은 지금 이대로 가면 지방선거는 폭망하고, 대선에서도 참패해 이재명 정권이 출현하리라는 위기감과 공포의식으로 덜덜 떨고 있습니다. 이들은 윤석열 하나 어설프게 살리려다 보수 전체가 죽음의 골짜기로 직행하는 불행하고 비극적인 결말을 용인하지 못합니다. 수도권의 중도 보수 민심과 영남의 기득권 윤정회 정치인들을 가르는 심연은 가면 갈수록 더 깊어질 게 확실시됩니다. 이 긴장관계는 보수의 대분열로 이어질 게 명확합니다.

에필로그 :

한국 보수의
잃어버린 20년

정권은 잃었어도
자정 기능은 잃지 않았던
1기 잃어버린 10년

공희준 제9회 전국동시지방선거는 2026년으로 예정돼 있습니다. 진박 감별 소동을 일으키며 보수를 나락으로 밀어넣은 20대 국회의원 총선거는 2016년에 치러졌습니다. 2016년부터 2026년까지 정확히 10년을 저는 보수의 '두 번째 잃어버린 10년'으로 규정하도록 하겠습니다.

신인규 내부적인 자정 기능을 상실한 탓에 스스로 자멸하고 말았던 10년입니다.

공희준 2차 잃어버린 10년의 종지부가 2026년에는 타의에 의해 강제로 찍힐 수가 있겠네요.

신인규 컨설턴트님께서 매우 정확하고 간결하게 시대 구분을 해주셨네요. 보수가 정권 재창출에 실패할지도 모른다는 분노 섞인 예감으로 인해 폭발 직전에 놓인 당원들과 일반 지지자들의 의중을 읽은 8명의 여당 의원들이 이탈하면 윤석열 대통령은 탄핵을 당해 망하게 됩니다. 용산 대통령실의 삼엄한 감시망 때문에 8명의 이탈자가 생기지 않으면 보수가 대선도 해보기 전에 지방선거에서 망하고 맙니다.

공희준 윤석열이 망하느냐 보수가 망하느냐 양자택일의 기로네요.

신인규 지방선거에서 패배하면 대선 패배는 자동으로 예약됩니다. 이 두 개의 전국적 선거 승패의 흐름이 밀접하게 연동된 까닭에서입니다. 2022년 지방선거는 윤석열이 잘하는지 못하는지와는 관계없이 대선 승리의 흐름을 타고 보수가 무난히 이겼습니다. 문제는 다음에는 지방선거 결과가 대선 결과를 큰 이변이 없는 한 좌우할 것이란 점입니다. 지방선거가 대선의 전초전 성격을 뛰어넘어 대통령 선거 그 자체가 될 수밖에 없는 이유입니다. 대통합민주신당의 정동영 후보가 한나라당 이명박 후보에게 어째서 530여만 표 차이로 대패했겠습니까? 전년도에 치러진 지방선거에서 대통합민주신당의 전신인 열린우리당이 전멸하다시피 한 탓이었습니다.

저는 객관적으로는 수도권 중심의 8명의 이탈표가 나올 것으로 보지 않습니다. 지금의 정체와 혼돈이 앞으로 2년 동안 더 지속되리라고 생각합니다. 그 대가로 보수는 영남 자민련으로 완전히 위축되는 치욕적 사태를 겪게 될 테지요.

공희준 보수는 두 차례의 잃어버린 10년을 경험했습니다. 보수의 1기 잃어버린 10년은 국민의정부와 참여정부가 연속으로 집권했던 10년입니다. 2기 잃어버린 10년은 2016년 총선 패배로부터 시작해 2026년 지선 완패로 귀결될 10년입니다. 두 잃어버린 10년 사이에는 확연한 차별성이 있습니다. 그나마 1기 잃어버린 10년 때는 혁신과 변화를 지향하는 몸부림이 있었습니다.

신인규 박근혜 전 대통령이 탄핵을 당해 임기 1년을 못 채웠으니 잃어버린 10년 1기는 정확하게는 9년이겠네요. 당시에는 남원정, 즉 남경필-원희룡-정병국 트리오로 대표되는 소장파가 보수정당 안에 존재하며 활발하고 적극적인 활동을 펼쳤습니다.

공희준 반대로 지금은 황우여 비대위원장 유형의 노장파 혹은 원로파 또는 극단적 기회주의 세력들만 득세하고 있습니다.

신인규 노장파나 원로파는 과분한 평가입니다. 노욕파라 불러줘야 맞습니다. 나이의 많음과 사적인 욕망의 크기가 정비례 관계에 있는 인사들입니다. 노욕파가 활개 치니 당이 국민들로부터 허구한 날 욕을 얻어먹고 있습니다.

공희준 남원정 세 사람이 지금이야 맛이 가거나 아니면 역사의 뒤안길로 사라졌지만 그때는 참 역동적이고 파릇파릇했습니다. 소신과 열정과 정의감도 있었고요.

신인규 남원정도 있었고 나중에 개혁보수의 기수로 자리매김한 유승민 전 의원도 그 무렵 영입됐습니다.

공희준 한나라당에 미래연대라는 소장 개혁파 모임이 있었습니다. 전임 문재인 정부의 김부겸 전 국무총리와 김영춘 전 해양수산부 장관 같은 인물들도 과거 이곳에 몸담았습니다. 미래연대는 보수가 금과옥조로 삼아온 국가보안법 폐지까지 공개적으로 주장했습니다. 이런 움직임에 대해 이회창 총재는 특별한 제재를 가하지 않았습니다. '내부총질'로 매도하며 강성 지지자들을 동원해 조리돌림을 하지도 않았습니다. 조리돌림은커녕 미래연대가 단체 차원의 행사를 개최하면 이회창 총재는 물론이고 이념적으로 당내에서 가장 오른쪽에 포진했던 최병렬 부총재 같은 사람마저 거의 꼬박꼬박 참석해 격려사를 했습니다.

신인규 코드가 다르다며 공천에서 배제하지도 않았고요.

윤석열 자리에
이회창이 있었다면

공희준 윤석열의 그릇 크기가 이회창의 도량 근처에만 갔어도 보수는 두 번째 잃어버린 10년을 맞이해야 하는 백척간두 같은 벼랑 끝으로 내몰리지는 않았다고 저는 단언할 수 있습니다. 잃어버린 10년 시즌 2가 끝나면 보수는 대한민국 땅에서 완전히 자취를 감출까요?

신인규 지금의 윤석열과 손잡은 보수가 종말을 맞이할 것이라고 봅니다. 정확하게 말하면 검찰정치의 청산입니다. 검찰이 장악한 국민의힘은 청산을 당할 확률이 큽니다. 아니, 국민의 이름으로 민심에 의해 청산을 당해야 옳습니다. 그래야 우리 정치가 조금이라도 진일보할 수 있습니다.

공희준 보수가 청산되면 그 파생물로 진보 일극 체제가 막을 올리게 됩니다.

신인규 현재의 더불어민주당이 순전히 진보로만 구성된 정당이 아닌지라 그럴 염려는 없습니다. 민주당은 벌써 세 번이나 정권을 잡았습니다. 보수화하기에 충분한 여건입니다. 국민의힘이 보수 정당을 사칭하는 정당이듯이, 더불어민주당은 진보를 참칭하는 당일뿐입니다.

이명박파와 태극기 부대와 정치검찰은 국민의힘의 3대 구성 요소입니다. 세 개 모두 박물관으로 사라져야 마땅한 낡은 구태 집단입니다. 태극기 부대와 이명박파는 당연히 소멸하겠거니와 남은 정치검찰이 국민들 앞에서 무슨 면목과 염치로 정치를 할 수 있겠습니까? 가치와 이념으로 결속되지 않고 이권과 욕망으로만 뭉쳐 있는 세력은 무너질 수밖에 없습니다. 스스로 무너지지 않는다면 외부에서 강제로 철거에 들어가야 합니다. 정치검찰과 MB계와 태극기 부대 즉 아스팔트 보수는 보수로 하여금 두 번째 잃어버린 10년을 맞이하도록 만든 주범들입니다. 검찰이 장악한 정치, 즉 검찰정치는 이제 문을 닫아야 합니다. 국민의힘을 이뤘던 참칭 보수들을 반면교사 삼아 더불어민주당 내부의 보수세력은 건강한 보수의 길을 걸어야 합니다.

공희준 그들은 건강한 보수가 되는 길보다는 진보를 참칭하는 길을 더 선호하고 있습니다. 하지만 차례차례 환갑잔치를 치르는 중인 사람들이 곧 죽어도 자기는 진보라고 우기는 게 젊은 사람들 눈에 얼마나 남우세스럽게 보이겠습니까?

신인규 민주당 안의 진보 참칭 세력 가운데 상당수는 장관과 차관, 국회의원, 자치단체장, 공기업이나 공공기관 간부 같은 요직들을 꿰차봤습니다. 진보라고 우기면 우길수록 본인들만 우스워질 뿐입니다.

공희준 노른자위를 악착같이 차지해본 덕분에 이제는 다들 먹고살 만합니다.

신인규 그럼에도 국민의힘 보수와 민주당 보수를 구분하는 중차대한 변별점이 있습니다. 전자는 임시정부의 법통을 부정하고, 후자는 인정합니다. 임시정부를 부정하고 일본에 나라를 팔아먹으려는 뉴라이트들이 시나브로 여당의 주류가 돼버렸습니다.

공희준 저는 그들을 친이 보수로 부르고 싶습니다. '친이승만 보수'의 약자입니다.

신인규 그들은 친기 보수이기도 합니다. 기시다 일본 총리에게 잘 보이려 안달하는 '친기시다 보수'입니다. 민주당 소속의 보수들이 임시정부의 역할을 인정하지 않거나 항일독립운동가들의 공적을 폄하하지는 않습니다. 그들은 대신에 민주주의에 대한 학습과 이해도가 현저히 부족합니다. 진정한 의회 민주주의자들이었으면 국회에서 지금처럼 입법 폭주를 자행하며 나라를 말아먹고 있지는 않았을 거예요. 그래도 한 가지 다행스러운 사실은 나라를 팔아먹는 단계로까지는 막 나가지 않았다는 부분입니다.

말아먹는 진보
vs
팔아먹는 보수

공희준 나라를 말아는 먹어도 팔아먹지는 않고 있다는 말씀이네요. 윤석열 정부와 국민의힘의 헤게모니를 스멀스멀 장악한 뉴라이트 무리는 나라를 외세에 아예 팔아먹으려 하고 있고요. 나라를 말아먹는 정당과 나라를 팔아먹는 정당 사이에서 우리 국민은 양자택일을 강요당했고, 그 결과 차악인 민주당이 최악인 국민의힘에게 올해 총선에서 압승을 거뒀습니다.

신인규 민주당 계열 정당들은 전통적으로 검찰과 대립각을 세워왔습니다. 더불어민주당이 검찰권을 장악하고 싶어도 장악할 수가 없는 중요한 이유입니다. 장악은 고사하고 윤석열의 검찰에게 되레 역공을 당해 정권을 잃는 지경으로 내몰렸습니다. 검찰은 민주당 정권만 들어서면 살아 있는 권력을 수사했습니다. 민주당이 집권만 했다 하면 정권과 검찰 사이에 건강한 긴장관계가 형성되는 까닭입니다.

공희준 반면에 보수가 정권을 잡으면 검찰은 권력과 철저하게 유착했습니다. 박근혜 정권을 수사한 건 극히 예외적 경우에 불과했습니다. 그것도 따지고 보면 박근혜 정권의 서슬이 퍼렇던 시절에는 정권에 대해 수사의 칼날을 들이대지 못했습니다. 이와 대조적으로 검찰은 민주당이 정권을 잡으면 제1야당 역할을 자임하곤 했습니다. 국민의힘이 집권하면 검찰은 여당 2중대가 됐고요. 검찰은 민주당이 정권을 잡아야 밥값을 합니다. 윤석열 정권이 들어선 이후로는 검찰이 살아 있는 권력에 대한 수사에 아예 손을 놔버렸습니다. 끈 떨어진 신세인 야당을 겨냥해서만 열심히 수사했습니다. 강자에 약하고 약자에 강한 검찰의 부끄럽고 기회주의적 민낯이 여지없이 드러났습니다. 여의도의 정치 보수는 궤멸했고, 서초동의 법조 보수만 강력한 검찰 권력에 기대어 간신히 연명하고 있는 꼴입니다.

신인규 검찰 정권이 출범하며 권력의 도구로서 검찰의 본질적 성격이 백일하에 드러났습니다. 잃어버린 10년 1기 때에는 보수 정당 안의 소장파와 개혁파가 비록 그 숫자는 적었을지언정 변화를 추동하고 혁신을 견인하며 두 차례에 걸쳐 정권을 탄생시켰습니다. 이명박 정권과 박근혜 정권이 그 산출물이었습니다.

공희준 그때는 보수가 정치를 하던 시절이었습니다.

신인규 잃어버린 10년 2기에서는 양상이 완전히 판이해졌습니다. 변화와 혁신 대신 충성경쟁과 아첨 오디션이 판을 치고 있습니다. 그 탓으로 말미암아 보수는 해체와 와해의 길로 건잡을 수 없이 접어들었습니다.

공희준 과거에 남원정이 있던 자리에 강용석과 고성국과 이봉규 같은 극우 유튜버들이 기승을 부리고 있습니다.

신인규 남원정이 있던 곳에서 박수영과 배현진과 장예찬이 주인 행세를 하고 있지요. 권력의 애완견들의 전성시대입니다. 양심을 저버린 정치가 횡행하는 암울한 시대입니다.

공희준 제가 장예찬 전 청년 최고위원과는 약간의 친분이 있습니다. 그 때문인지 저는 장예찬의 정치적 견해에 동조하지는 않아도 그의 인간적 처지에는 동정적입니다. 저는 한쪽 진영의 궤멸을 원하지 않습니다. 보수가 하루빨리 자정 기능을 회복해 진보와 대등한 경쟁을 벌이지는 못할지언정 비등비등한 싸움은 했으면 합니다. 국민의힘이 살아나야 더불어민주당이 긴장하고 성장합니다.

보수재건의 마지막 기회를 붙잡자

신인규 보수의 본진 자리를 민주당에게 내주기 전에 국민의힘에게 한 번 정도의 기회는 더 있을 수 있습니다. 기존 보수진영 안에서 대대적이고 자발적인 정풍운동이 일어나고, 보수세력의 쇄신과 정상화를 바라는 뜻있는 사람들이 여기에 대거 동참한다면 보수가 국민의 신뢰와 지지를 회복할 가능성이 미약하게나마 되살아날 수 있습니다.

공희준 보수의 혁신과 정상화를 도모할 정풍운동의 구심점 역할을 누가 할 수 있을까요?

신인규 현재로서는 유승민 전 대표가 그 역할을 맡아야 합니다. 유승민 외의 대안은 현실적으로 찾기 힘듭니다. 유승민 전 대표가 배신자 프레임에 더는 구애받지 말고 민심의 바다를 향해 과감히 항해에 나선다면 유승민 개인에게도 진영으로서 보수에게도 마지막 부활의 기회는 한 차례 더 찾아올 수 있습니다.

공희준 보수가 대홍수의 시련을 이겨내고 다시 생육하고 번성할 수 있도록 해줄 노아의 방주 역할을 이준석의 개혁신당보다는 아직은 국민의힘에 머물고 있는 유승민이 해줘야 한다는 말씀이네요.

신인규 예, 그렇습니다.

공희준 그런데 유승민 전 대표는 노아의 방주를 건조하려는 움직임이 좀체 보이지 않습니다.

신인규 우선은 배의 설계도라도 만드는 일에 착수해야 합니다. 만약 유승민이 계속 머뭇거린다면 다른 그 누군가라도 보수 재건의 도면을 제작해야죠.

공희준 유승민 본인이 방주를 만들 생각이 없다면 다른 사람이 그걸 완성할 수 있도록 방주의 재료로 사용될 나무라도 산에 심어야 하는데, 너무 오랫동안 동작 그만 상태입니다.

신인규 자정 기능이 상실된 낡은 보수가 궤멸하는 사태는 역사 발전의 필연적 단계에 해당합니다.

공희준 보수 궤멸론의 원조는 이해찬 전 국무총리였습니다. 하지만 보수를 궤멸시키기는커녕 5년 만에 정권을 보수에 내주고 말았습니다. 보수는 이해찬 때문에 궤멸한 게 아니라 이해찬에도 불구하고 궤멸하고 있습니다.

신인규 스스로 알아서 척척 궤멸하고 있지요. 실력 부재로 내파, 즉 내부에서 파멸하는 중입니다. 보수가 쓰러지면 유승민 정도의 인물들이 그루터기로 남을 테지요. 그 그루터기에서 새로운 싹이 트고 가지가 솟구쳐 자라나야 합니다. 민주당이 건강한 보수로 성숙하리라는 보장이 없으니까요.

공희준 더불어민주당은 진보에서 보수로 가지 않고 꼰대로 직행했습니다. 압축적 근대화의 아류일 압축적 꼰대화를 달성했습니다.

신인규 보수의 잃어버린 10년 시즌 2는 국민의힘의 와해를 결말로 하여 대단원의 막을 내릴 걸로 예상됩니다. 검찰이 장악한 정당, 검찰정치의 비극적 최후를 보게 되는 셈입니다. 이는 제가 확언할 수 있는 부분입니다. 보수의 잃어버린 10년 2탄이 마무리된 후에는 두 가지 시나리오가 기다리고 있습니다.

첫째는 정상적인 인물들이 등장해 보수재건의 깃발을 드는 시나리오로 전개되는 경우입니다. 둘째는 민주당이 자연스럽게 세포분열을 일으키며 건강한 진보와 보수로 분화하는 시나리오로 귀착되는 경우입니다. 그 외 여러 가지 시나리오가 상정될 수 있는데 저는 우선은 보수재건 운동에 심혈을 기울일 작정입니다. 저는 보수재건파가 되고자 사회적 운동을 전개할 예정입니다. 국민만 믿고 뚜벅뚜벅 가야지요. 정치를 하는 이유가 어떤 자리를 갖기 위해서가 아니라 어떠한 역할을 통해 한국 정치를 발전시킬 것인지에 쏠려 있습니다. 정치의 발전과 변화를 꿈꾸지 않는다면 정치를 할 이유가 없다고 생각합니다.

공희준 보수가 조기에 재건되어 수조 속의 메기 같은 역할을 잘해 내 진보도 제때 건전해지고, 중도도 얼른 살아났으면 좋겠습니다.

신인규 보수와 진보가 건강한 세력으로 발전되어 국민을 위한 생산적 경쟁을 해야 합니다. 정치의 입구를 열고 정치도 경쟁하게 만들어 국민을 위한 생산적 정치의 토대를 만들면 정치는 좋아질 것입니다. 그날을 꿈꾸며 오늘의 책임을 다하고자 합니다. 감사합니다.

닫는 글: 오물풍선을 희망의 풍선으로

햇살은 적당히 따뜻했다. 바람은 적당히 시원했다. 점심밥은 적당히 맛있었고, 식후의 아이스카페라테 한 잔은 적당히 달달했다. 출판계약하기 좋은 청명한 가을날이었다.

계약서 작성을 마치고 큰길로 향하는 도중에 일행 가운데 눈 밝은 사람 하나가 놀람과 호기심이 반반쯤 뒤섞인 목소리로 느닷없이 외치는 것이었다.

"풍선이다!"

그가 손가락으로 가리키는 쪽을 바라보니 파란 하늘을 배경으로 작은 하얀색 점 하나가 동그랗게 찍혀 있었다. 이제껏 말로만 듣고, 뉴스로만 보던 북한의 오물풍선을 나는 이때 처음으로 직접 목격할 수 있었다.

김정은 국무위원장이 일부 탈북자 단체가 북녘으로 날려 보낸 대북전단에 대한 맞대응으로 다시금 풍선에 열심히 바람을 넣고 있던 며칠 전에는 국군의날을 기념하는 열병식이 윤석열 대통령과 영부인 김건희 여사가 참석한 가운데 성대하게 열렸다. 이날 열병식에서는 북한이 땅속 깊이 파놓은 그 어떤 지하 벙커도 일격에 파괴할 수 있다는 괴물 미사일이 언론에 최초로 공개되었다. 땅 위에는 짙은 위장도색을 한 거대한 이동식 미사일 발사차량이 굉음을 내며 굴러간다. 하늘에는 앙증맞을 정도로 새하얗게 칠해진 북한 오물풍선이 수시로 떠다닌다. 정치는 사라지고 통치만 남은 윤석열 정부 집권 3년차의 위태롭고 살풍경한 한반도 남쪽의 모습이다.

정치가 사라지고 통치만 남은 상황에서 의회는 물론이고 내각마저 패싱하는 북한식 현지지도는 정권 입장에서 일종의 필요악일지 모른다. 문제는 그 필요악을 하필이면 아무런 공식적 권한이 없는 대통령 배우자가 자청해 떠안고 말았다는 점이다. 아내의 역할에만 충실하겠다는 약속을 깨고서 필요악을 떠안은 대통령의 배우자는 이제 국민들 사이에서 절대악으로 지탄받고 있다.

한국의 보수진영에게 1987년은 중요하고 의미 있는 분수령을 이루는 해였다. 보수는 그해에 통치에서 정치로 나아가는 위대한 도전과 모험의 길을 선택했기 때문이다. 통치와 헤어질 결심을 굳힌 덕분에 대한민국 보수는 1987년 이후 다섯 명의 대통령을 국민 직선으로 배출할 수 있었다.

박근혜 정권은 정치를 우선하는 세력이 통치만 숭상하는 무리를 효과적으로 제어해온 보수의 역사에 종지부를 찍었다. 공안검사 김기춘과 황교안은 보수가 정치를 포기하고 통치로 역주행한 후과로 불러들인 네메시스(Nemesis) 같은 존재들이었다. 이 보수의 네메시스들은 상대방이 아니라 자기편을 대상으로 잔혹한 복수극을 펼친다는 측면에서 분열의 화신이기도 했다. 그 귀결은 박근혜 정권의 처절한 몰락이었다.

보수는 박근혜의 비극적 실패로부터 어떠한 진지한 교훈과 깨달음도 얻지 못한 것으로 보인다. 그나마 박근혜 전 대통령은 왕년의 선거의 여왕답게 본인이 공화국을 통치한다는 자각은 비록 흐릿할지언정 갖고 있었다. 압수수색과 별건수사로 잔뼈가 굵은 특수부 검사 출신의 초짜 또는 괴짜 정치인 윤석열 대통령은 자기가 왕국을 통치하고 있다는, 그것도 사랑하는 아내와 공동으로 다스리고 있다는 착각과 미몽 속에서 대책 없이 헤매는 양상이다.

용산 대통령실은 구중궁궐이 되었고, 집권 여당인 국민의힘은 윤 대통령 부부를 보위하는 남한판 호위총국으로 전락했다. 구한말 고종과 명성황후가 소환되고, 현재의 집권세력 주요 구성원들의 행태는 심지어 신라 말기에 발호했던 지방호족들을 방불하게 한다. 윤 대통령을 위시한 정부 여당 인사들은 걸핏하면 북한 붕괴론을 운위하고 있으나, 정치 리더십과 민생경제의 총체적 붕괴 위기에 직면하기로는 남북한이 오십보백보인 형국이다. 1차 관문인 보수의 종말을 사뿐히 뛰어넘어 본선 무대일 국가 자체의 종말로마저 바야흐로 치닫고 있지 않다고 그 누가 호기롭게 장담할 수 있겠는가?

종말이 나쁘고 슬픈 게 아니다. 종말이 임박했음에도 새로운 창생을 위한 노력이 없는 게 진심으로 슬프고 나쁜 일이다.
이 책은 임박한 종말을 막거나 늦추려는 데 목표가 있지 않다. 종말이 한바탕 휩쓸고 지나간 자리에 새로운 희망의 싹을 틔우려는 게 신인규와 공희준 두 저자의 참다운 목적이고 바람이다.

재미없는 두 사내의 시시껄렁한 수다로만 자칫 머물 수 있었던 얘기들이 번듯한 책으로 출간된 데에는 많은 분들의 아낌없는 도움과 성원이 있었다. 정범용 오늘의미래 대표님의 통 큰 결단에 진심으로 감사드리는 바이다. 편안한 글쓰기 환경을 마련해주신 하민혁 이사님께도 고맙다는 말씀드리고 싶다.

2024년 가을밤의 잠실벌에서

공희준

보수의 종말

1판 1쇄 발행 2024년 11월 6일
1판 2쇄 발행 2024년 11월 20일

지은이 신인규
엮은이 공희준
펴낸이 정범용
펴낸곳 오늘의미래

기획 프로젝트팀 작업실
교정교열 오재연
디자인 놀이터

출판등록 2023년 8월 31일 제559-2023-000025호
주소 경기도 양주시 화합로 1426번길 31길
전화 070-4280-6227
팩스 0504-173-2969

ⓒ 신인규 · 공희준, 2024.

ISBN 979-11-985486-3-4 (03300)

- 책값은 뒤표지에 있습니다.
- 이 책 내용의 일부 또는 전부를 재사용하려면 반드시 오늘의미래의 동의를 얻어야 합니다.
- 잘못 만들어진 책은 구입하신 서점에서 교환해드립니다.